마음의 색이 말을 걸 때

마음의 색이 말을 걸 때

민은숙
지음

　활활 타오르는 불꽃을 꿈꾸던 시절이 있었습니다. 거친 삶의 단면에 부딪힐 때면, 장작 앞에 앉아 한참을 빠져들곤 했지요. 데일 듯 뜨거운 날들이 중화돼 다양한 빛깔로 스며들며 어느새 반환점을 지나왔습니다. 요즘은 잔불 하나로 일상을 지키는 법을 배워갑니다. 독서와 차를 벗 삼아 조용하게 마음을 가다듬습니다.

　초등학교 시절 막연히 그려본 꿈의 씨앗이 가슴 한편에서 조용히 싹을 틔웠습니다. 정성껏 키워보려 합니다. 서툴지만, 세상을 더 깊이 들여다보기 위하여 다양한 체험을 이어 나갑니다. 밤이 주는 평온 속에 지난날의 풍경이 가끔 찾아옵니다. 그 안엔 미처 알지 못한 포근한 사랑과 응원이 조용히 숨 쉬고 있습니다.

읽고, 쓰며, 배웁니다. 자주 충혈된 눈은 늦은 시간까지 달리느라 침침해지지만, 글을 쓰는 순간 내면이 선명해지는 것을 발견합니다. 낮의 소란을 잠재운 밤과 함께 노트북을 켜고 색을 만난 글을 모아서 엮었습니다.

마음은 언제나 미래에 가 있던 제 안의 그림을 읽고 온기를 나눠준 소중한 분들에게 이 글을 빌어 깊은 감사의 인사를 전합니다.

2025년 가을을 기다리며

목
차

작가의 말

1부

마음을 데우는 주황

2부

상처 위에 핀 보라

깊은 밤이 삼킨 흑과 백

느리지만 자라는 연두

5부

단전에서 올라오는 분홍

발문 – 이방주 (수필가, 문학평론가)
색채어로 물들이는 사랑의 길

마음을 데우는
주황

햇살이 눈을 덮는다.
포근한 바람과 웃음소리가
흠집 난 곳을 에워싼다.
살며시 감싸 안은
작은 기쁨들이 말을 건다.
마음의 밤엔 덜 자란 감정도
아름다워 보인다.

되로 주고
말로 받는 창

떨어진 겨울의 끄나풀이라도 잡아보는 수은주이다. 우수가 지나갔다. 홍조 띤 봄을 품고 변심한 바람에 힘껏 항거한다. 경거망동하지 말라는 의미일까. 걸어둔 패딩 잠바를 다시 꺼내 입었다.

평생 친구인 길잡이와 오송역을 향해 간다. 싸늘한 냉기가 흐르는 바깥임에도 성큼 봄을 마중 나온 성미 급한 사람들이 보인다. 옷차림이 현란하다. 깃 없는 코랄 재킷, 반짝이 핑크 트위드(tweed) 상의, 베이지색 트렌치코트가 어색하지 않은 건 춘삼월이 일주일밖에 남지 않았음이리라.

예약된 정기 검사가 있어 대학병원으로 향하는 길이

다. 주기적인 추적 검사는 표준 치료에 뒤따른 조치이다. 활시위를 당기는 달갑지 않은 촉박함을 보태고 싶진 않다. 안 그래도 병원 소독약 냄새에 불안이 고개를 쳐들지 않던가. 넉넉한 시간을 확보했기에 심신이 여유롭다. 시간에 예민한 친구에 맞춘 일정표가 커피를 대접한다.

생로병사는 숨탄것들의 숙명과도 같다. 세상에 질병이 많기도 하다. 유명 맛집으로 착각할 만큼 이곳에 올 적마다 병으로 고통받는 이가 많음을 체감한다. 관리 대상인 예후는 삶의 질을 벼랑으로 떨어뜨리는 요인 중에서도 최고봉이 아닐까. 외래 건물에 있는 영상 의학 센터는 아동 병동을 건널목처럼 사이에 두고 있다.

무심코 시선을 비껴간다. 세상의 때라곤 찾을 수 없는, 티 없는 어린아이가 링거를 꽂은 채 지나간다. 잘 깎아 놓은 밤톨 같은 두상에 외모를 빛내는 머릿발이라 칭하는 그 한 가닥이 없다. 행여나 모르는 사이에 연민이 스친 내 눈빛을 발견하진 않을까. 그것이 못내 두렵다.

오늘은 생각보다 일찍 검사를 마치려나 보다. 예약 시간보다 일찍 당도한 접수처에서 번호표를 뽑았다. 고맙게도 앉은 지 얼마 되지 않아 호명한다. 친구가 탈

의실에 들어간 사이 나는 소지품을 챙긴다. 발등에 주 삿바늘을 달고서 절룩거리며 나타난 그녀를 본다. 얼 른 일어나서 부축해 검사실에 들였다.

낯선 여인이 다가왔다. 팔오금에는 주삿바늘을 꽂았 다. 화장기라곤 없는 얼굴에 핏발 선 눈이 언뜻 보인 다. 초면인 내게 서슴없이 말을 건넨다. 새벽에 부산에 서 상경했다고 한다. 얼마나 말이 고팠으면 생판 남에 게 경계가 없을까. 자신의 일정을 줄줄 읊는 여인에게 서 나는 독거노인인 엄마를 본다. 얼추 오십 대 후반으 로 보인다. 뇌종양을 앓았다는 과거형에서 표정을 얼 른 갈무리한다. 기운차게 항해하는 언어의 바다에서 나보다 어리다는 단어를 낚는다.

동행이 있음은 누군가에겐 부러움의 대상이다. 여인 은 혼자 왔다. 우리가 이야기를 나누며 서로를 챙기는 그림이 썩 괜찮았나 보다. 진단 후 혼자서 수없이 열차 를 탔다고 한다. 씩씩한 기상이 넘친다. 일신상의 정 보들이 그녀를 주저 없이 자진 투신한다. 내가 캐낸 게 아닌 스스로 떨어져 나온 것들이 차곡차곡 눕는다. 그 녀의 눈가에는 말투와 다른 농도 짙은 쓸쓸함이 겉돌 고 있다.

갓 잡은 해산물일지라도 장기간 냉장고에 방치하면 부패한다. 몸 어딘가에 방치된 말도 상하지 않을까. 티키타카와 동떨어진 섬에서 쌓은 말들이 두터워지면 세균이 번식하는지도 모른다. 공간을 환기하듯 말을 신선한 것으로 바꿔줘야 하지 않을까. 불면에 새벽을 뚫고 상경했을 그녀가 보인다. 장시간 이동한 이의 몸속에 묵은 말을 빼는 데 협조하리라.

공감이란 적극적인 경청이다. 얼마나 오래 묵혔을까. 얼마나 켜켜이 쌓았으면 속사포로 연발할까. 그녀의 메마른 눈동자에 차츰 물기가 돈다. 이 순간 친구가 조금 늦게 나와야 하지 않을까. 문득 생각이 오지랖을 넓힌다. 나는 고개를 연신 주억거리며 추임새로 간을 맞춘다. 대기 좌석에 사람들이 꽤 있음에도 홀로 앉은 이는 없다. 그녀의 신상 명세가 이력서인 양 내 옆에서 한 줄씩 늘어난다. 남은 시간이나마 그녀의 허한 말풍선에 경청을 넣어 허공에 띄워 주고 싶다.

그녀는 전사인 듯하다. 그녀의 말을 빌자면 남자도 하기 힘든 몸과 기술로 벌어먹는 이다. 몹시 씩씩한 그녀를 기계 조립이란 생업이 뒷받침한다. 일정을 마치면 부산행 열차에 오르고 삼일절에 다시 상경해야 한다. 거스러미 이는 일을 해도 마음을 연약하게 만드는 백색 병원이다. 분지에서만 산 나는 바닷가에서만 산 그녀에게 소량의 알약 말을 주고 다량 가루로 받는다. 할 수 있는 최대의 친절인 말줄임표를 늘린다.

이야기를 상실한 삶은 빈곤한 삶이다. 혼자 살 순 있겠지만 소통은 원활해야 한다는 것을 절실히 느낀다. 늙을수록 입은 줄이고 지갑을 열라는 우스갯소리가 있다. 싱겁다고 웃을 수만은 없는 슬픈 말이다. 이상하게도 지갑보다 입을 벌리게 된다. 받는 이는 적은데 발설하고자 하는 이는 늘어난다. 글도 그러하다. 요즘은 독자보다 작가가 많다고 하지 않던가. 배설이 목마른 세상에서 나는 살고 있다. 하나인 이유가 특별한 입은 닫고, 두 귀를 쫑긋 세워야겠다.

만남이 희박한 이는 누적된 말을 덜기 좋은 상대일지 모른다. 감흥 없는 긴 인연보다 짧아도 밀착한 밀도의 말이 기운을 주나 보다. 상하기 일보 직전인 말을 쏟아내도 거부하지 않는 반응에 공백이 없다. 낯선 나는 말을 곱씹어 곡해하지 않는다. 문 앞까지 따라 나와 배웅하는 그녀에게서 배설 뒤에 따르는 평안을 본다.

평생 친구 혼자 보내기 싫어 동행한 병원에서 끈 없

는 이와 되로 주고 말로 받았다. 기우는 장사에도 기분 상하지 않은 창을 활짝 열었다. 정담이 고픈 이가 많은 세상이다. 말 잘 주워 담을 몸의 창을 기울이면 그것도 보시하는 것이 아닐까.

「한국수필」 2023년 4월호

깊게 물드는
한 그릇

식욕이 사라졌다. 잡식성이라 뭐든 가리지 않고 잘 먹던 전천후 입맛이 어느 날 갑자기 자취를 감췄다. 장운동마저 느려지며 몸속 장기들이 보상 없는 혹사를 견디다 못해 아우성쳤다. 끼니를 잊은 날들이 이어진다. 허기가 몰려올 때라야 비로소 굶었다는 사실을 깨닫는다.

잠이 달아났다. 바닥에 머리만 닿으면 오 분 내 잠들던 내가, 일곱 시간의 숙면조차 채우지 못해 편두통에 시달렸다. 미간을 찌푸리고, 귀를 울리는 사이렌 소리에 움츠리며 송사리처럼 팔딱이는 눈꺼풀을 어찌하지 못했다. 불면과 식욕 부진은 나를 점점 더 무기력한 음영처럼 만들었다.

문득, 어린 시절 먹었던 매운탕이 떠올랐다. 지나가 듯 그립다고 동생에게 흘렸다. 개떡같이 말해도 찰떡 같이 알아들은 동생이 외쳤다. "가자!" 개장 시간에 맞 춰 도착한 매운탕 집은 한적했다. 탁 트인 물길과 초록 빛으로 우거진 나무들이 고요한 풍경은 그간 나를 괴 롭히던 편두통을 잠재웠다. 미간의 골이 풀리자, 몸이 가벼워졌다.

　매운탕이 담긴 양은그릇을 들고 온 직원이 휴대용 버 너 위에 올렸다. 이윽고 끓기 시작한 국물에서 새파란 미나리 향이 올라오자, 그 맛을 기억해 낸 혀끝이 먼저 반응했다. 보글보글 끓는 탕은 처마 끝에 맺힌 물방울 처럼 허한 위장을 톡톡 두드렸다. 작은 국자로 떠낸 첫 국물을 보며 뭉클해질 때 먼저 한 모금 맛본 동생이 중 얼거렸다. "그래, 이 맛이지!"

　오랜만에 맛보는 매운탕은 꿀맛이었다. 쫄깃한 수제 비는 씹는 즐거움이 있고, 메기 살은 입안에서 사르르 녹아내리며 국물과 완벽한 조화를 이뤘다. 추가한 라 면 사리를 젓가락으로 건져 올렸다. 입김으로 식혀 먹 는 이 맛은 오성급 호텔의 스테이크와도 바꿀 수가 없 다. 도망갔던 식욕이 돌아오자 혹사당하던 장기들이 비로소 숨을 돌렸다.

청정한 시골에서 자란 우리에게는 민물고기가 더없이 친근하다. 눈썰미가 있던 나는 원통형 채를 들고 나가 미꾸라지를 잡곤 했다. 논두렁 웅덩이에서 물을 퍼내면 팔딱이는 미꾸라지가 손에 잡혔다. 가끔 물뱀을 만나 엉덩방아를 찧기도 했지만, 겁보다 식욕이 더 컸다. 그렇게 잡아 들고 의기양양해서 가면, 아버지는 더 많은 고기를 잡아 왔다. 그날 저녁은 민물고기로 포식하는 날이었다.

엄마는 무, 깻잎, 홍고추, 풋고추, 쑥갓을 넣고 자작하게 추어탕을 끓였다. 뼈까지 녹아들어 먹을 수 있던 그 국물의 맛은 세월이 흘러도 혀 돌기에 아련하게 남아 있다. 시중의 추어탕은 국물이 많고 미꾸라지가 커서 어릴 적 그 맛과는 미감의 결이 아쉽게도 달랐다.

어린 시절 시골에서 자란 민물고기가 내 몸에 미각의 자국으로 음각돼 있나 보다. 아버지가 잡아 오고 엄마가 요리한 붕어는 가시 때문에 선호하지 않았지만, 메기를 들고 오신 날은 달랐다. 어깨에 힘이 들어간 아버지의 발걸음은 어사화를 쓴 이몽룡처럼 당당했고, 별이 박힌 눈빛으로 재료를 준비하는 엄마가 보였다.

도마 위에서 연주하는 다듬이 소리, 아궁이에서 깻대가 타는 타닥거림은 딸림화음과 미묘한 피치카토, 콧등에 맺힌 엄마의 땀방울까지 모두 추억의 조미료이다. 살이 통통한 메기와 시원한 국물이 온 가족을 흥건한 땀방울로 빛낸 초저녁은 열광의 무대였다. 십 리를 걸어가야 시장에 닿던 시골에서 물고기 찬은 더없이 귀한 음식이었다.

풍족하게 자란 옆 지기는 생선과 젓갈을 자주 찾았다. 결혼 후 처음 맛본 조기매운탕은 어머님이 만든 별미였지만, 의리에 강한 내 미각은 민물고기의 맛을 더 선호했다. 엄마들의 손맛이 여전히 우리 둘의 입맛을 지배했다.

빵도 그랬다. 옹색한 시골이지만, 엄마는 우리를 배불리 먹였다. 시골에서 빵은 사막의 오아시스처럼 귀한 존재였다. 소풍 때나 겨우 맛볼 수 있던 도넛은 눈이 휘둥그레질 만큼 놀라운 맛이었다. 빵 먹고 싶다는 우리를 위해 엄마는 밀가루와 달걀로 두툼한 카스텔라를 만들었다. 흔히 아는 부드러운 카스텔라와는 달리 식감이 짙고 정겨운 맛은 지금도 우리의 향수를 자극하는 단골 메뉴이다. 아무리 유명한 빵집의 카스텔라도 그 맛을 따라잡지 못한다.

음식의 기억은 마음을 움직인다. 기운이 없을 때, 그 음식을 먹으면 마약도 아닌 것이 불굴의 힘을 끌어낸다. 한비야는 아프리카 봉사 중 병에 걸렸을 때, 신라면 한 그릇으로 기운을 차렸다. 향수병에 앓아누운 그녀를 일으킨 건 익숙한 MSG 국물이다.

우리는 식욕, 수면욕, 성욕을 지녔다. 식욕과 수면욕은 생존의 근간이다. 수면욕을 충족하지 못하자 식욕마저 떠났고, 매사에 의욕까지 잃은 몸이 영혼에 신호를 보낸 거다. "매운탕 먹고 힘내, 안 그러면 너 큰일난다!" 무의식이 의지를 깨워 매운탕을 떠올리게 한 게다. 매운탕 한 그릇에 긍정이 혈관을 타고 온몸에 퍼진다. 따스한 바람과 함께 몸 깊은 곳에 쌓였던 찌꺼기들이 떨어져 나가는 듯하다. 같은 추억과 식성을 가진 동생이 곁에 있어 감사하다. 시절의 음식은 맛 그 이상이다. 몸과 마음을 깨우고, 무너진 의지를 되살리는 저력이 있다.

어린 시절 부모님의 사랑이 담긴 매운탕 한 그릇이 밤의 수렁에서 나를 건져 주었다. 아버지는 일찍 우리 곁을 떠나셨지만, 남겨진 온기로 우리 안에 함께 계신다.

몸으로
꽃을 피우는

새 학기를 맞이한 은장고등학교는 요즘 부쩍 소란하다. 일명 '똥통 양아치 소굴'이라 불리는 이 학교에서는 서열 다툼이 매년 반복된다. 그 선두에 선 최효만은 5반의 장임을 자부하며 사나운 맹수처럼 날뛰지만, 알고 보면 속이 부실한 허세일 뿐이다. 겉만 번지르르한 그의 행태는 빈 깡통의 혼잣말처럼 공허하게 울린다.

웹툰 「약한 영웅」의 장면을 보며 떠오르는 인물이 있다. 충무공 이순신 장군이다. 겉으론 평온해 보였지만, 마음은 칼날로 내면을 겨눈 듯한 고뇌로 가득했다. 식은땀에 밤잠을 설치며 나라와 백성을 걱정했던 장군의 내면은 기록으로 남아 있다. 임금과 사대부가 그의 진

마음의 색이 말을 걸 때

심을 읽지 못할 때 그의 곁을 지킨 것은 백성과 병사들이었다. 섬세한 감수성을 지닌 문(文)의 사람으로 태어났지만, 시대는 그를 전장에 곧추세웠다. 난세가 영웅을 낳는다는 말처럼, 그의 삶에는 역사의 파란이 깊이 새겨져 있었다.

은장고의 조용한 학구파 시은은 책과 눈싸움을 벌이는 고요한 방식으로 자신의 자리를 지켜낸다. 교실에 앉아 지식과 씨름하는 그의 모습은 마치 지혜와 한판 승부를 즐기는 사람 같다. 곱상한 외모는 군계일학처럼 빛나고 이를 시샘하는 어리석은 이들이 괜한 시비를 건다. "진짜 사내라면 덤벼!"라며 치기를 부리는 효만 같은 무리이다.

겉만 보고 달려드는 행위는 위험하다. 연약한 외모와 달리 시은은 폭력을 두려워하지 않는다. 뛰어난 두뇌로 상황을 분석하고 불필요한 힘을 일절 낭비하지 않는다. 하찮은 책가방 끈조차 그의 손을 만나면 정교한 무기로 변신한다. 상대의 손을 묶고 무릎을 꿇려 다윗이 골리앗을 쓰러뜨리듯 맹수를 굴복시키고 만다. 그 순간, 효만의 오만은 뺨을 맞는 굴욕과 함께 무너지고야 마는 초라한 모습이다.

「약한 영웅」은 이 장면을 통해 통쾌한 대리 만족을 선사한다. 약자가 짐승 같은 힘을 자랑한 폭력을 꺾는 장면에서 승리의 찬가가 울려 퍼진다. 연약한 이는 자신의 한계를 알기에 강하다. 작고 왜소한 몸집이라는 단점을 극복하고자 장점을 치밀하게 갈고 닦는다. "너 자신을 알라(Gnothi sauton)." 무지함을 자각하는 순간부터 진짜 지혜가 비로소 움튼다. 무지함을 두른 채 섣부른 짓을 일삼다간 결국 덫에 걸리고 만다.

오늘, 연시은이 백사(白蛇)로 거듭나는 모습을 보았다. 햇볕 좋은 자리를 차지하지 못한 그는 작고 연약했지만, 보이지 않는 그늘에서 묵묵히 내공을 쌓았다. 덩치들이 햇살에 취해 오수에 잠길 때에 최적의 일조량을 계산했던 그는 양분을 몸 구석구석으로 보내 엽록소처럼 에너지를 품었다. 그가 피워낸 하얀 꽃은 그의 노력 없이 저절로 피어나지 않았다. 가냘픈 몸에 과학적 사고로 다진 치밀함의 인내로 길러 마침내 피워냈다.

모두가 예상하지 못한 그가 새롭게 태어났다. 학교의 아우성 속에서도 흔들리지 않는 고요를 지킨 그가 외부의 힘에 밀리지 않는 자기 철학으로 빛났다. 사람들의 눈총과 조롱 속에서 정도를 걷는 것이 말처럼 쉽지 않다. 그늘 안쪽의 왜소한 환경에서 참선하듯 자신을 연마해 온 그는 더 이상 만만한 조무래기가 아니다. 이름만으로도 상대의 근육을 얼어붙게 만드는 백사로서 무방비한 친구를 구하는 그는 하얀 꽃으로 우뚝 선다.

연약한 영웅은 우리 곁에 숨어 있다. 왜소증을 안고 태어난 배우 피터 딘클리지는 자신의 한계에 무너지지 않았다. 보란 듯이 자신만이 표현할 수 있는 무기로 갈고 닦아 전 세계 시청자의 마음을 사로잡았다. 자신을 있는 그대로 인정하고 감각과 연구를 총동원한 연기력과 카리스마가 불태운 티리온 라니스터로 미국 드라마 시리즈물 「왕좌의 게임」을 빛냈다.

드라마에서 연기를 보여준 정은혜 작가는 따뜻한 영혼으로 사회적 편견을 감싸며 긍정의 캐리커처를 그리고, 존재만으로도 핑크빛 사랑의 무지개를 확산하는 유튜브를 열었다. 우리에게는 남들과는 다른 노선을 걷게 하는 특별한 무기가 있다. 나는 어떤 무기를 지녀야 할까? 그것을 갈고닦기 위해 무엇을 해야 할까?

연약한 영웅이 정의의 그늘에서 불의에 굴복하지 않게 양지에서 손을 잡는다면 세상은 달라지리라. 유토피아는 아닐지라도 외면으로 캄캄한 디스토피아로 잠

기진 않을 거라며, 우리 안에서 저마다 피워낼 뜨거운
꽃을 찾으라고 시은의 세계관은 주문하고 있다.

『울산광역매일』 2023년 7월

바람개비가
춤추는 풍경

집순이에게 모처럼 기회의 순간이 밀물처럼 밀려들었다. 부드럽게 우리를 건드리는 기분 좋은 시소 앞에서, 갈팡질팡하는 마음의 지도에 굽이치는 도돌이표가 맴돈다. 누구라도 좋으니, 가위를 들어 그 망설임을 잘라낼 필요가 있다. 연장자인 나는 사뭇 부끄러웠지만, 대견하게도 막내가 그것을 해내고야 만다. 엄마의 생신을 맞은 우리는 제주도 여행을 축포처럼 쏘아 올렸다. 대의명분이 뚜렷한 여행이니만큼, 엄마도 못 이기는 척 따라나설 거라고 우리는 지레짐작했다. 말랑말랑해진 가슴 속 색종이는 벌써 바람을 잡을 수수깡을 세우고 바람개비를 둥글게 접고 있었다.

빠른 걸음과 넘치는 기세로 큰딸을 앞질러 안심시켰던 이태 전과는 달리 급격하게 저하된 체력을 실감한 엄마를 야속하게도 멀미가 어느 틈에 다가와 들러붙었다. 무릎관절에 지뢰가 터진 듯한 고통이 찾아와도 강한 의지로 한 걸음씩 걷기를 매일 실천했다. 마음은 경보로 날듯 걷고 있는데 몸이 점점 따로 노는 불협화음으로 어깃장을 놓는다. 말해 무엇하랴. 눈에 넣어도 아프지 않을 자식들과의 여행인데. 행여나 생때같은 자식들에게 한순간이나마 심장을 부여잡을 무릎이 되진 않을까, 앞선 마음이 잠시 들뜬 하늘을 잡아 내린다. 제주도가 부풀린 온 가족여행의 꿈은 주연 배우의 캐스팅 거절 표시로 피식, 설렌 표정에서 헛바람이 빠지고 사위가 새무룩해졌다.

가장 오래 엄마와 함께 산 경험이 돌발 상황에 중요한 역할을 하는구나. 허를 찌르는 예약과 선입금으로 시동을 걸다니. 이보다 강한 스파이크는 없다. 지혜롭게 영리한 막내는 포기를 우습게 만드는 잔꾀로 바다의 결을 가르는 모터보트를 장착했다. 취소 위약금이란 이마에 실금을 그릴 금전 손실은 시간차 공격처럼 위협적이다. 약속을 소중히 여기는 엄마의 마음을 꿰

뚫는 날카로운 통찰로 모두의 꿈이 현실과 대류하고야
만다.

낮의 끝에 떠오른 오색의 황혼은 더 짙게 꽃피우는
불꽃과 같다. 맑고 투명한 햇살에 비친 내 옆얼굴을 보
곤 깜짝 놀란다. 깨끗하던 피부에 드리워진 시간의 반
그늘을 발견한 것이리라. 하나둘 올라온 흐린 점들이
불꽃 앞에서 꼬리가 잡혔나 보다. 함께 피부과에 가서
점을 빼자고 한다. 농담인지 진담인지 아리송한 표정
이 뭉클하게 해사하다. 그냥 자연스럽게 살자고 대답
했다. 귀엽게 발끈하는 마음은 아직 늦은 봄에서 멈추
고 둘러보는데, 노화만 가을에서 더 질주하려는 속도
의 차이를 어이할까.

여행은 점잖은 어른의 시간을 거꾸로 돌린다. 뭍과는
사뭇 다른 섭지코지의 바람과 묵은 속의 찌꺼기를 빼
내는 현무암, 꼬리를 늘어뜨려 땅과 바다의 경계를 허
무는 말, 머리카락을 위로 올리는 봄의 씨앗을 벌써 품
은 바람이 마음에 동심원을 그린다. 하늘과 바다에 경
계를 짓고 싶지 않은 수평선이 손짓한다. 바다와 구름
이 접속하는 사이에 우리가 있다. 어디선가 날아와 하
늘에 무늬를 그리는 패러글라이딩의 모터 소리는 자

진모리장단처럼 발걸음을 춤추게 한다. 관절염이 생겨 조심스러운 엄마도 리듬 어린 유혹에 넘어가 한 폭의 그림 안으로 들어간다. 젊어진 입가에 부드러운 곡선이 유려하다.

남은 뒤란이 제각각인 삼대의 깊이는 달라도 폭은 같은 길을 걷는다. 계단 한 줄을 타고 올라간 정상에서 내려다본 절경이 뭍에서 들러붙은 피로한 냄새를 휘발한다. 여인이 풀어놓은 삼단 같은 풍경이 생기를 눈가에 바른다. 전환점을 바라보는 딸, 앞날이 구만리인 열 살, 기약할 수 없는 미래가 아련한 황혼을 바다가 에워싼다. 새끼 돌고래가 꼬리로 우리를 살살 흔드는 재롱만 같아 눈이 초승달처럼 휜다.

얇은 눈꺼풀의 물거품과 깊은 눈을 가진 바다는 우리들의 다른 시간의 추를 따라 감속과 가속으로 따라 걷고 있다. 잠시 풍경에 앉아 쉬었다 일어설 때면 어긋난 엄마의 무릎이 시난고난한 세월을 읊어준다. 지난해 차에서 내릴 때 덜컥거린 충격에 내려앉은 가슴을 부여잡았던 적이 있다. 운동 기능은 내년을 감히 기약할 수 없다고, 우리에게 어두운 심연을 들여다보라고 한다.

쇠잔한 기동력과 따로 노는 정신력의 간격을 메울 수

는 없을까. 수없이 바위에 몸을 던져 부서지는 흰 포말이 결국 바위를 둥글게 요리한다. 오랜 담금질에 무쇠가 되듯 우리가 세월의 언어를 차곡차곡 쌓은 노년에는 다이아몬드가 되리라. 왜소해지는 몸집과는 달리 더 깊어진 눈망울이 아직도 당신의 평온보다 우리들의 무사안일에 빛을 낸다. 아픔을 누른 채 현무암에 몸을 던져 부서지는 파도가 홀로 이겨낸 엄마의 시간만 같다. 바다를 바라보는 가냘픈 당신의 뒤태가 애잔하다.

제주도와 함께한 우리의 가슴속에 훈풍이 불어온다. 우리 안에서 발효된 이 화소가 아이의 마음에도 번진다. 어느 날 문득, 바람을 부르겠지. 세상의 속도는 빨라져도 우리의 바람개비는 오래된 해풍처럼 느릿하다.

『영남시사투데이』 2025년 3월

비녀 꽂은 화투

김이 모락모락 나는 군고구마가 하얗게 웃는다. 한파
람 피리 가닥처럼 제 시대가 오고 있음을 즐기는가 보
다. 영원할 것만 같았던 태양의 기세도 상강이 찾아오
자 고이 뒤로 물러섰다. 긴 스카프가 드디어 제 쓰임새
를 발휘할 절호의 기회가 왔다는 듯 등을 두드린다.

사람들은 뜨끈뜨끈한 아랫목이 그립다지만 나는 그
리운 존재가 따로 있다. 작지만 꼿꼿한 자세, 긴 머리
를 틀어 올려 비녀 꽂은 모습이 거울 너머로 번뜩이면
눈빛에서 혜안을 엿볼 수 있다. 눈을 감고 그분을 생각
하면 떠오르는 잔상이다. 무릇 지혜란 배움의 길이와
는 무관하다는 사실을 일깨워 주었다. 그분은 우리 할

마음의 색이 말을 걸 때

머니이시다.

아들 넷에 딸 둘을 두었으나 일찍이 남편은 멀리 소풍을 떠났기에 질곡의 삶에서 발버둥 친 흔적이 보인다. 애늙은이 같다는 말을 자주 들었음에도 예전에는 감히 상상조차 하지 못했다. 모진 풍파에도 의연한 모습을 지척에서 보았다. 단단한 바위 같아서 우러러보기만 했다. 기억하기로 자식을 둘이나 가슴에 묻은 참척의 슬픔을 지니고 있으면서도 손자에게는 한없이 베풀면서 따뜻한 눈빛만 주었다.

나는 수학에 큰 재능이 있다고 할 수는 없었다. 그렇다고 수에 둔감하지도 않았다. 머지않아 닥칠 미래를 헤아린 할머니의 거시적인 안목이 뒷받침했다고 미루어 짐작해 본다. 신기하게도 주민등록번호, 전화번호는 빠르게 손과 뇌가 협응하여 암기하고, 바로 자판을 두드린다. 덕분에 의구심 많은 내방 고객으로부터 뜻하지 않은 검은 의심을 사기도 했다. 오롯이 할머니 덕택이었다. 은행이란 직장에서 스물다섯 해 일하는 동안 숫자만큼은 타의 추종을 불허하는 능력자가 될 수 있었다. 빠른 계산을 기본으로 나열된 숫자를 기억하는 능력은 유용한 자산이 되곤 했다.

피치 못할 부모님의 곤란한 사정으로 형제자매가 할머니 방에 얹혀산 세월이 제법 길었다. 그 기간에 한 번도 눈치를 본 적 없이 행복했다고 형제자매가 입을 모은다. 새벽에 기상 후 몸을 정갈히 한 할머니는 짙은 풀색 군인 담요를 폈다. 두 손으로 화투를 섞기 시작한다. 팥죽색 화투를 바닥에 제식 훈련하듯 줄 맞춰 깔아놓고 뒤집어 하루 운세를 풀어낸다. 이른바 화투 점이다.

부모의 부재로 손자들이 의기소침해 있으면 모아둔 동전 주머니를 짤랑거렸다. 민화투를 치자고 선수 치면서 유혹의 초승달 눈을 찡긋한다. 하멜른에 나타난 사내가 부는 피리는 십 원짜리 동전이 되어 우리를 민화투 세계로 몰아넣었다. 사방에 흩어진 호승지심을 한데 모아 착착 서로 달라붙는 소리로 부모님의 부재가 불러일으킨 그리움을 깡그리 앗아 갔다.

맏이인 손녀가 덧셈과 뺄셈을 할 수 있게 되자 할머니는 특훈을 시작했다. 그것은 9, 19, 29를 만들어 손을 터는 '가보 띠기'이다. '가보'란 말은 화투에서 아홉 끗을 이르는 일본어 '가부(かぶ)'에서 왔다고 한다. 사실 '가부(かぶ)'란 말이 포르투갈에서 유래한 것이라고는 하나, 화투가 일본에서 들어왔다는 것이 거의 정설이다.

'가보 띠기'도 일본에서 온 것으로 짐작할 뿐이다. 조선 후기에 '수투(數鬪)'란 노름이 있었다고 하니 가보 띠기가 수투와도 조금은 관련이 있을지도 모르겠다.

화투의 달력으로 11월에 해당하는 똥과 12월인 비를 제외한 마흔 장의 화투로 9, 19, 29가 되는 짝꿍 수 셋을 맞추어 손에 남은 화투장을 모두 비워 턴다. 가보 띠기 덕분에 자연스럽게 덧셈을 잘할 수 있었다. 할머니의 선견지명에 힘입어 불과 몇 년 후에는 학원에 다닌 지 두 달 만에 주산 일 단을 딸 수 있었다. 주산은 9가 되기 위한 짝꿍 수가 팔 할이라고 할 만큼 매우 중요하다. 어디 그뿐인가. 일 단을 따기 위해서는 암산은 반드시 넘어야 할 허들 (hurdle)이다. 머릿속에 주판을 그리고 넣기를 신호와 함께 불러주는 두 자리 숫자를 모두 합산해야 한다. 가보 띠기가 장래의 추세를 꿰뚫어 적중했음을 부정할 수가 없다.

할머니가 길을 안내한 화투의 신세계를 배울 수 있어서 긴 겨울이 춥지만은 않았다. 내기가 끝난 후에는 즐거운 간식 시간이 펼쳐졌다. 화롯불에서 알맞게 익은 고구마의 껍질을 벗긴다. 화려한 요즘 후식과는 다른 정이란 끈끈한 뜨거움을 호호 불면서 삼켰다. 그리움에 걸신들린 듯 먹다가 사레가 들어도 괜찮다. 할머니가 만든 살얼음이 동동 뜨는 동치미를 그릇째 들이켜면 쑥 내려간다.

화투가 도박이란 멍에를 짊어지고 있다. 손을 자르지 않고 도박의 늪에서 벗어나기란 초인적인 노력이 필요하다. 모든 것은 동전처럼 양면성을 지니고 있다. 그것을 어떻게 활용하는지는 각자 선택의 몫이다. 누군가는 전 재산을 탕진하는 악습으로 누군가는 시름을 잠시 잊는 충전기로 화투를 마주한다. 화투는 우리의 불안한 동심을 어루만져 준 동화였다. 화투 앞에서 양반다리로 마주 보는 우리의 눈빛과 손짓은 순수한 열정과 소박한 사랑 고백이다.

단장의 비애로 속은 텅 비었으나 겉은 대나무처럼 꼿꼿한 할머니를 꺾은 것은 모정이었다. 막내의 앞선 주검 앞에서 무너져 내렸다. 스스로 곡기를 끊으시며 시름시름 앓으셨다. 무슨 힘이 나셨는지 어느 날, 들에 나가서서 나물을 잔뜩 캐왔다. 동네 사람들에게 다듬은 나물과 당신이 가진 것 중 쓸만한 것들을 아낌없이 나누어 주었다. 이틀 후 할머니는 아침에 기침하지 못했다. 한 많은 인생 돌아오지 못할 먼 길을 몰래 떠났다.

모든 사람은 두 번 죽는다. 한 번은 육신이 죽고 그를 기억하는 마지막 사람이 죽을 때 비로소 죽는다. 화투를 볼 때면 할머니가 비녀 꽂고 한복을 입은 모습으로 선연히 걸어 나오신다. 여전히 내 기억 속에서 할머니는 건재하시다. 자식들 모두 거느린 그곳에선 이승에서 못다 한 사랑 나누고 계시려나.

어디선가 고구마 굽는 냄새가 후각을 집요하게 파고든다. 그을린 옷을 벗은 고구마는 김이 나는 노란 속살을 보이며 어서 한입 먹으라 주름진 손을 내민다.

『청주시문학』 2025년

오늘의 기분

　금계국이 곳곳에서 군락을 이루었다. 어디에서 왔는지 모를 노란 겹꽃잎이 멀리서도 선명하다. 눈앞에서 흔들리는 그 생명력이 렌즈를 들이대게 한다. 찰칵, 카메라가 담은 건 금계국이지만, 정작 주변을 압도하는 존재는 따로 있다. 꿀벌이 동류를 불러 모아 생의 춤을 춘다. 이들의 비행은 모두가 반긴다. 꿀벌의 비행이 잦을수록 세상은 풍요로워진다. 금계국은 그 옆에서 말 없이 생의 환희에 차 있다.

　전 세계를 아우른 80년대 만화영화가 있다. 은하철도 999이다. "기차가 어둠을 뚫고 은하수를 건너면, 우주 정거장엔 햇볕이 쏟아지네~" 흥얼거리던 주제가

　　　　　　　　　마음의 색이 말을 걸 때

에 어린 시절의 우묵한 기억이 솟아난다. 원작은 미야자와 겐지의 동화『은하철도의 밤』이지만, 마츠모토 레이지의 SF 만화는 또 다른 우주를 열었다. 그는 1938년 후쿠오카에서 태어나 고등학교 새내기 시절 「꿀벌의 모험」으로 세상에 첫발을 내디뎠다. 얼마 전에 급성 심부전으로 별이 된 그의 이야기는 은하수처럼 반짝이며 내게 쏟아진다.

은하철도 999의 철은 기계 백작에게 어머니를 잃고, 메텔과 함께 복수와 꿈을 좇아 우주로 떠났다. 인생은 철로를 달리는 열차와 같다. 종착역은 보이지 않는다는 것이 내게 금계국의 생명력에 눈을 뜨게 했다. 내 눈을 점령한 금계국은 제 자리에서 흔들림 없이 피어나 보이지 않는데도 한참을 어른거린다.

들판에서 나비가 살포시 날갯짓한다. 하얗고 미색에 가까운 작은 날개가 금계국 곁에서 춤을 춘다. 애교 섞인 동작은 주목받고 싶은 욕망이다. 금계국, 너는 어쩌면 이렇게나 많은 사랑을 받는 걸까. 꿀벌과 나비가 널 중심으로 맴도네. 나보다 나은 모습을 보여주는 금계국의 꽃말은 '상쾌한 기분'이다. 바람에도 꺾이지 않는 그 강인함이 큰엄마를 떠올리게 한다.

큰엄마는 내 두 번째 어머니였다. 큰엄마가 은하철도에 올라 종착역을 향해 떠났다. 사촌 오빠의 침잠한 목소리가 전화를 뚫고 이명처럼 들려왔다. "큰엄마는 이제 목적지에 거의 다다랐나 보다." 엄마는 한때 사경을 헤맨 적이 있다. 중환자실의 차가운 공기 속에서도 외가에서는 딸을 살리기 위해 애썼다. 당시 새끼였던 우리 삼 남매는 엄마의 생사 앞에서 뒷전일 수밖에 없었다. 이때 큰엄마가 강단 있는 모습으로 우리를 품었다. 큰집에서 사촌 오빠들과 한 뼘 차이 없이 자랐다. 큰집은 방죽과 논, 산과 들로 둘러싸여 있었다. 들꽃은 우리를 반겼고, 꿀벌과 나비는 어린 나를 따라다녔다. 살갑진 않은 큰엄마는 묵묵히 우릴 챙겼다. 장자의 거울처럼 고요하고 맑은 이성으로 조카 셋을 돌보았다. 차가운 가슴에 따뜻한 체온을 숨기고 우리를 보듬은 철가면과 같았다.

어느 여름, 하늘에 거대한 싱크홀이 뚫린 듯 폭우가 쏟아졌다. 등굣길을 책임지던 징검다리를 삼킨 흙탕 앞에서 나는 허공을 헤매며 꺼이꺼이 울었다. 하늘이 무너지면서 그리움의 결계가 풀린 설움이었을까, 사라진 다리에 대한 원망이었을까. 그때 마구 흔들리는 어깨를 슬며시 눌러주는 손길을 느꼈다. "내일은 학교 갈 수 있을 거야. 오후엔 비가 멈춘다니까." 큰엄마였다. 양철 지붕 밑으로 떨어지는 빗방울을 세레나데로 들으며 호박과 깻잎이 듬뿍 든 부침개를 먹었다. 어찌나 맛있게 먹었는지 엄마를 잠시 잊었던 첫날로 남았다. 중환자실이라는 우주에 갇힌 엄마의 병명은 깜깜했다. 고아가 될지도 모른다는 동정이 섞인 어른들의 혀끝을 차는 소리 속에서도 큰엄마는 단단한 가슴으로 우리를 지켰다.

몇 년 뒤, 건강해진 엄마가 돌아왔다. 엄마와 큰엄마는 내가 아는 그 어떤 동서보다 더 끈끈했다. 사촌 오빠는 늘 주기만 하고 받지 않는 꿀벌이었다. 따뜻한 마음이 고마워서 선물을 보내면 더 큰 것으로 되돌려 준다. 엄마가 돌아온 계절에 큰집의 마을 입구는 꽃향기가 범람했다. 금계국은 제 땅이 아닌 곳에서도 다리를 쭉 뻗는 생명력을 뽐낸다. 바람에 강한 춤사위로 어디든 정착해 모진 시간을 견딘다.

얼마 전, 92세의 일기로 큰엄마는 종착역에 하차했다. 지상의 무거운 번뇌를 벗은 은하수 너머에서 잠자는 호수처럼 편안하시리라. 목감기 후유증으로 흐린

음성을 띠는 엄마에게 금계국 사진을 찍어 보냈다. "상쾌한 배달입니다." 슬픔이 조금은 희석된 엄마의 목소리가 전화를 타고 내 기분을 쓰다듬는다. "오늘은 상쾌해." 노란 금계국이 안부를 바람결에 실어 온다.

종착역이 어디든 흔들리며 피어나는 삶은 아름답다고 금계국은 들려준다. 큰엄마의 냉철한 판단과 사촌 오빠의 주려는 태도가 깃든 체온이 전하는 메시지는 상쾌한 기분이다. 은하계를 접한 어른이 전한 육성이 가까이 들리는 듯하다. '네가 서 있는 곳에 단단히 뿌리 내리면 언제가 됐든 상쾌한 오늘은 찾아온단다.'

『울산광역매일』 2024년 7월

가을 닮은
유리구슬과 지구

가을은 독서의 계절 혹은 사색의 계절이라고 한다. 하지만 가만히 앉아 독서만 하기에는 자연이 가만히 두질 않는다. 그리움과 아쉬움이란 묘한 감정이 쐐기풀처럼 살갗을 긁고 지나간다. 덩달아 마음도 가려워진다. 어쩐지 누군가 혹은 무엇이 건네는 수분을 잔뜩 머금어 촉촉해지고 싶다.

가을은 묻지 않아도 다 알고 있는데 묻냐는 듯, 깊고 넓어 무엇이든 받아줄 것 같은 중년 여인으로 온다고 한다. 와서는 소매 걷어붙이고 봄과 여름 우레가 울렁거리던 들녘 천연섬유에 염색한다고.

스스로 질문을 던져본다. 너는 성인인가, 소녀인가.

나 자신이 누구인지는 십 대 시절부터 꾸준히 질문했던 숙제이다. 고등학교 선생님으로부터 심오하다 무섭게 쓴다는 눈초리를 한 몸에 받았던 허무주의자가 바로 나였다.

하교하는 길바닥에서 탕진하고 남은 물기에 젖은 채 뒹굴며 옷을 여미던 최루탄 찌꺼기를 차마 볼 수 없어 시선 돌리던 시절이 있었다. 그것이 자화상 같아서 더 볼 수 없었는지도 모른다. 원치 않는 상황이지만 도저히 벗어날 수 없는 굴레, 능력은 갖추지도, 갖출 수도 없어 도저히 빠져나갈 구멍은 보이질 않는다. 구석에서 몸을 말고 고개를 숙여 머리칼로 활자 중독이란 방어기제를 발동시켰다. 수업을 마치면 만화방 아르바이트로 얼마 되지 않지만, 돌파구인 비자금을 조성하려고 시도했다. 99.7Mhz 별이 빛나는 밤에 두 시간은 영혼을 달래주는 천상의 소리요, 일요일 저녁 열 시 KBS 명화극장이 없었다면 지금이 과연 있었을까 싶다.

동생네와 금관숲을 다녀온 적이 있다. 최근 몇 년간 콧바람을 쐰 적이 있기나 했는지 기억이 가물거릴 만큼 7년 만의 외출과 버금갈 참으로 오랜만이었다. 그곳에 모여든 사람들을 담은 망막이 질책하였다. '넌 어떻게 산 거니? 참 재미없게 살았구나.' 옆자리의 젊은 커플이 만든 불 멍을 보면서 울컥 시 한 편을 썼다. 조카는 날 신기한 듯 바라보면서 저도 시를 쓰겠다고 핸드폰에 뭔가를 입력한다. 산책할 겸 걷다가 흐르는 물이 꿀벌처럼 모여드는 곳에서 물놀이하는 천진한 웃음소리를 음악처럼 음미했다. 일렁거리는 물결을 따라 물 멍 하면서 시 한 편을 지었다. 일어서서 몇 걸음 걷다 보니 뒤따르는 게 아닌 앞서는 그림자가 갑자기 거인이 되었다. 사진을 찍어 바라보자, 옛 생각이 나서 또 시 한 편을 지었다. 그날, 덜 익어 떫은 언어적 기운이 그득한 시 세 편이 귀가했다.

유명 수필가 선생님의 「유리구슬과 지구」란 작품을 밤과 함께 읽었다. 어릴 적 둥글다는 지구를 오감으로 거부했다. 오히려 직사각형 같았다. 그 끝에 무언가 있을 거란 호기심이 충만했다. 바로 어렸다는 증거였다. 큰 것은 눈에 보이지 않는다. 작은 가슴으로 어머니의 큰 사람을 감각할 수 없듯, 큰 사람은 한 눈으로 볼 수가 없다. 한눈에 보려면 감각을, 큰 사람은 큰마음을, 지구가 일으키는 바람은 지혜로 결국은 나를 키워야 한다. 내 영혼을 키워야 한다는 문구가 자꾸 아나콘다처럼 속을 조이곤 풀어주지 않는다.

　유리구슬은 투명하여 망막을 그대로 투영한다. 도저히 숨길 수가 없다. 나이를 먹을수록 표면적으로 투영되는 면적이 작다는 것을 오감이 감각하고 있다. 알되아는 것이 아니요, 모르되 모르는 것이 아닌 애매한 나다. 뭐든 아직 어설프다. 깊이가 없이 겉핥기이다. 날채찍질한다면 작품을 쓴 수필가의 나이가 되었을 때과연 이런 글을 지을 수 있을까. 영혼의 눈, 지혜의 눈, 사유가 깊은 우물 같은 눈을 차분하게 키워보자 차근차근 다지면서.

　그야말로 붉은 심장을 거리낌 없이 꺼내 보이는 순수한 가을이 사방에서 발길을 잡아챘다. 바삭거리는 낙엽을 오독한 바람이 제 존재감을 드러내고자 가을을 휘감는 11월이다. 바람결에 몸을 맡긴 나뭇잎 한 장이이 계절을 마음껏 노래하는 음유시인을 꿈꾼다.

『울산광역매일』 2023년 4월

모여,
더 예쁘니까

이렇게 끝내기는 아쉽다. 꽤 많았던 연휴 사탕이 어느새 단 한 알만 남겨두고 있다. 친구가 링크를 걸어준 명소에 다녀오리라. 사실 어제 마음을 먹었다. 뜻한 대로 세상이 돌아간다면 변수가 있으랴. 명일로 목표를 이월해 두었다.

가 보자. 일이 얼추 끝났다. 신호등이 없는 도로에 접어들었다. 대충 어디쯤일지 방향은 짚였으나, 떠올린 경로만으로는 어째 불안하다. 만일의 사태를 염두에 두고 지도 위를 더듬었다. 80km 제한 속도 카메라가 곳곳에 설치되어 있는 곳이다. 차량이 쌩쌩 잘도 내 차를 앞질러 나간다. 뻥 뚫린 길은 일방으로 기분까지 한껏 달릴 수 있다. 여유롭게 안전한 속도로 나아간다. 이 차선이기에 풍경을 즐기며 느릿하게 가고 싶다. 급한 토끼 차량은 얼마든지 추월할 수 있으리라.

너무 안일했던 걸까. 붕 뜬 직진을 지속하다 보니 예상과 다른 풍경이 눈앞을 흐린다. 샛길로 빠질 구간을 곁눈질하면서 달려본다. 다행히 익숙한 경찰서가 보인다. 잠시 멈추어 보자. 내비게이션의 도움이 필요한 순간이 곧 다가올 거다. 이런, 낯선 일방통행인 외길을 안내한다. 머릿속에 그려둔 지역 근처로 진입했다. 이럴 수가, 우회전을 끝으로 목적지에 도착했다면서 멋대로 종료한다. 여기가 어디인지 알 수가 없다. 두리번거려 보아도 메밀꽃은 도무지 눈에 띄질 않는다. 승용차 한 대가 없고 큰 트럭만 몇 대 주차된, 그 흔한 아스콘 파운데이션 하나 찍어 바르지 않은 울퉁불퉁한 맨땅이다. 나 더러 이 땅에 헤딩이라도 하라는 걸까. 재작동시켰지만 같은 말을 반복하는 어리석기 짝이 없는 기계이다. 거의 다 온 듯한데, 막판에 날 내동댕이치는 불통이 못마땅하다.

무조건 큰 도로에 진입해 보자. 얼마나 달렸을까. 도로의 양쪽 가장자리에 긴 차량 행렬이 이어지고 있다.

옳거니 여기로구나. 누적된 눈치, 코치로 추정리 마을이 인근에 있음이 느껴진다. 사람들이 향하는 곳으로 따라갔다. 야광봉으로 차량 진입을 막는 밀짚모자 쓴 이가 보인다. 그 뒤에서 잘 정비된 하천의 물소리가 시원하게 들리기 시작한다. 이곳 마을 사람들은 한여름에 계곡으로 피서를 떠날 필요가 없겠다. 저 상류까지 이어진 하천으로 보건대 어디든 접이식 의자를 놓거나 바위에 앉아 발을 담그면 무릉도원이 부럽지 않으리라. 뒤에서 정담을 나누는 노부부도 내 생각에 재담하는 말을 주거니 받거니 한다.

이상하다. 블로그에서는 주차와 입장이 무료라고 했다. 플래카드는 장식용이 아닐 텐데, 오천 원에 미취학은 무료라고 씌어 있다. 1km라고 안내했으나 오르막이라 그 이상의 거리인 듯한 운동화의 감각이다. 칭얼거리는 손녀를 업고 가는 저 할아버지 할머니 내외는 힘들겠다. 이제 100m만 남았다. 아니나 다를까. 의심했던 예감이 과녁을 비껴가지 않는 건 불문율인가 보다. 좌판 뒤에 서 있는 젊은 남자가 표를 사야 들어갈 수 있다고 연신 소리치고 있다. 블로그 정보를 꺼냈다. 작년까지였고 올해는 아니란다. 분명 지난달 말에 다녀갔다는 블로거의 글을 보았으나 순순히 돈을 냈다. 뒤따라오던 일행 중 한 명이 투덜댄다. 현금만 받는다고 했나 보다. 안내를 제대로 해 주지 않았다면서 입구에 다 와서 돈을 받느냐고 항의한다. 여기까지 에움길을 걸어왔다. 메밀꽃을 코앞에서 볼 그가 어찌 등을 돌릴 수가 있으랴. 현금을 찾는 몸짓이 분주하다.

오, 장관이다. 이 풍경을 온몸으로 담으려고 달려왔던 거다. 하나만 피어 있으면 물가에 피는 풀꽃 비슷해서 감흥이 없을 듯했다. 구름처럼 모여 있으니 이토록 눈을 황홀하게 할 수가 있구나. 운집의 힘은 실로 굉장하다. 메밀꽃은 한 송이로 피어 있을 때는 바람에 쉽게 흔들리고, 그 존재조차 눈에 띄지 않을 만큼 미미하다. 수많은 메밀꽃이 한데 모여있어 이야기의 향기가 달라진다. 혼자는 용기가 없어도 운집하면 거대한 세력이 되는 것처럼, 자디잔 꽃잎들이 모여 이룬 하얀 물결이 온 산의 구릉을 독차지했다. 하얗게 넘실대는 꽃들의 행간마다 마음을 환하게 밝히는 사람들로 인산인해를 이루고 있다.

각각의 작은 화성이 모여 웅장한 합창이 되듯, 메밀꽃밭이 만들어 낸 거대한 예술 작품의 공명이 휘황하다. 혼자일 때는 희미하지만, 함께 모이면 그 존재감과 영향력이 배가 된다. 햇볕 아래 춤을 추는 하얀 꽃 물결은 사람들에게 경이로움의 발견을 선사한다. 그 풍경 속에서 연대와 조화의 가치를 깨닫는다. 우르르 몰려다니며 사심을 채우기보다 여기 메밀꽃처럼 사람들의 눈과 가슴을 따뜻하게 물들일 수 있다면 좋겠다.

하얀 메밀꽃밭을 색실로 수를 놓는 다른 꽃이 있다. 군데군데 낀 코스모스와 해바라기이다. 정갈하게 말아 올린 잔치국수에 얹는 고명처럼 미학적이다. 이곳 추정리에서는 메밀꽃이 그들에게 전혀 꿀리지 않는다. 청초한 순백의 소녀가 되어 화려한 립스틱을 바른 여인과는 다른 청량미를 뽐내고 있다. 볼수록 빠져드는 백의민족 같다.

그냥 보아도 곱다.
오래 보면 더, 곱다.
너와 나, 우리
대한민국이 그렇다.

추정리의 메밀꽃이 하나로 어우러진 울림으로 폭발

한 한가운데서 시구가 떠오른다. 일부를 바꿔 보았다.

『울산광역매일』 2023년 11월

마음의 색이 말을 걸 때

2부

상처 위에 핀
보라

지나온 시간에 보랏빛이 번진다.
눈물 자국에 꽃이 피자
기억은 천천히 멀어진다.
아프도록 사무치는 순간들은
이름 없이 곁을 스친다.
상처가 끌어안은 보라 안에서
우리는 자란다.

연어가 낳은 알

　잘못 건드린 리모컨이 꿈틀거린다. 대궐 같은 한옥이 병풍처럼 펼쳐진다. 화면에 빨려 들어갈 듯 몸이 예각으로 접힌다. 어딜까, 호기심을 촉발한 풍경에서 눈을 뗄 수가 없다. 개량 한복 차림의 남자가 텃밭의 푸성귀를 한 움큼씩 뜯었다. 오이, 호박과 깻잎, 상추 등을 씻어 뚝딱 요리를 완성한다. 한 상 가득 푸짐한 음식은 오직 딸을 위한 솜씨였다. 요리 장인 아빠의 공주님은 누구일까. 한다감, 혀를 물다가 입술을 닫는 완성이 느껴진다. 한이라 하면 청주가 유명하다. 알고 보니 구미호로 분하여 무더운 여름밤을 식혀 주었던 배우였다. 데뷔 후 한참 알려진 뒤 갑자기 개명했다. 어떤 사정이 있었으리라. 한때 나도 개명을 꿈꾸지 않았던가.

여흥이 본관인 나는 과장하면 로열패밀리이다. 물론 우리나라는 왕이 사라진 지 오래되었다. 조선 왕조 500년 역사에서 가장 많은 왕비를 배출한 가문 중 하나이다. 단본인 조상은 경기도 여주에 뿌리를 내렸다. 흔치 않은 성씨로 문중 어르신은 일가를 만나면 반가워한다. 인사 끝엔 언제나 아버지 함자를 궁금해한다. 이제껏 나보다 항렬이 높은 문중을 만난 적이 없었다. 늘 할머니뻘이나 아주머니뻘이다. 이름의 가운데 '병'이 세손인 나의 돌림자이다. 아버지께 참 감사한 것 중 하나가 전통을 깨뜨린 소신이다. 돌림자로 딸의 출생 신고를 마다하셨다. MZ세대라면 혹 구태의연하다고 할 수도 있을 항렬자는 아직도 지켜지는 전통이다. 만약 아버지가 뜻을 굽혔더라면 어릴 적 놀림 꽤나 받았으리라.

중학교 때이다. 한문 선생님이 출석을 부르셨다. 안경 너머로 꿰뚫는 빛은 오금이 저렸다. 어설픈 거짓을 고하다가는 된통 당하리라. 초월한 듯한 은색 눈이 찌를 듯 예리하다. 그런 분이 말씀하셨다. 한자에 획수가 많아 속상한 이름이다. 끝 자를 획수가 적은 한자로 바꾸면 좋겠다 얹어주신다. 교무실에 심부름 갈 때면 선생님은 아쉽다 되뇌셨다. 선생님이 종이에 적어주신 이름은 '맑을 淑'이 아닌 '임금 后'였다.

삼십 대 후반부터 격동의 세월을 보냈다. 뭔가 시도하면 제대로 꼬인 칡넝쿨만 같았다. 문득, 선생님 말씀이 떠올랐다. 이름을 바꿔 뒤엉킨 실을 풀어 보자. 마침 법이 개정돼 개명이 수월해졌다. 물어물어 이름을 잘 짓는다는 철학관을 찾아갔다. 좌정한 작명가는 바꾸려는 연유를 묻는다. 내 인생 이제라도 제대로 풀어내고 싶다고 전했다. 지금까지 이름값을 치러내느라 애썼다며 위로를 건넨다. 가슴 저 밑에서 뜨거운 것이 왈칵 올라온다. 그것이 굳어 있던 핏덩이처럼 느껴지는 건 왜일까. 새 이름을 지어줄 순 있다고 한다. 다만, 새것에 대한 대가를 치러야 한다는 비수를 꽂는다. 약만 주시든가 병까지 줄 게 뭐람. 비딱해지는 못난이가 나온다. 이제껏 피폐했는데 또 그걸 반복해야 한다니 심통이 사나운 가시를 세운다. 새삼스레 무슨 부귀영화를 보겠다고 덤빌까. 그때나 지금이나 생각할수록 그의 잣대나 기준이 확고한 것 같다. 다른 이들은 잘도 이름을 바꾸지 않던가.

카카오가 약을 올렸다. 몇 차례 도전했으나 브런치 작가는 연거푸 고배를 마신다. 잡을 수 없으면 더 목매는 심리를 움켜쥔 알고리즘이 희롱한다. 선생님의 '후'를 사용한 후 브런치를 맘껏 즐겼다. 디카시 공모전에 도전장을 내밀었다. 채택하고선 막판 승부인 장원에서 미끄러뜨린다. 본명 대신 '후'로 내밀었더니 덥석 문다. 드라마는 결말보다 에필로그에 재미난 한 방이 있다. 개명해서 팔자 한번 고치려는 얕은수를 들켜 빈손으로 돌아왔지만, 내 플롯이 갈등에서 실마리를 찾았는가. 반전이 일어났다. 탈선한 궤도에 어떻게 올라탔는지 모를 결빙했던 구간이 해빙을 맞이한 것일까. 목표한 공부를 시작할 때마다 툭툭 올라오던 두더지들이 자취를 감추었다. 원하던 자격증과 몇 해 전부터 지지부진하던 석사를 드디어 마쳤다. 늘 기도하지만 날 위해 기도한 적은 가물다. 그런데도 연초에 적어둔 목표가 어느 순간 성취되고 있음을 발견한다.

아버지는 연어였다. 딸을 위해 전통을 거스른 '은'이란 알을 낳고 가을에 일찍 소풍을 떠나셨다. 심해 같은 사랑을 들여다보지 못한 여식은 고개를 떨군다. 그 소중한 '은'을 스스로 버리려 한 흑심을 씻어낼 수 있었다. 합당한 구실이란 발목에 잡힌 나는 나를 옭아맸다. 작명가는 어찌 꿰뚫어 핀셋 처방을 내렸을까. 관조할 수 있는 지금, 학자로 관심을 쏟아준 은사님과 흔치 않은 돌림자를 창조한 아버지가 떠오른다. 안 되는 것에 미련을 저당 잡히지 않고 직진할 수 있어 안도한다. 3월이지만 시린 꽃샘추위로 코끝이 알싸하다. 삶은 어쩌면 매운 난파선 같다. 구명보트를 타고서라도 노래를 부르자는 볼테르를 좌표 삼아 걸어가 보리라. 불행도 행복도 영원한 것은 없으므로.

『한국수필』 2024년 5월호

금손 예찬

온도계의 눈금이 뚝 떨어졌다. 옷깃을 함부로 파고드는 칼바람에 외출을 삼가고 있다. 동면에 빠진 한겨울 풍경만큼 나 또한 움츠린다. 신체 리듬은 기가 죽었는데, 식성만 호기심이 잘도 살아난다. 입이 자꾸만 심심하고 궁금하다. 먹는 양에 비해 나부댔던 뜨거운 날들에 보상이라도 하려는 걸까. 끼니 말곤 욕심부리지 않던 식탐이 주전부리에 갈퀴손을 뻗는다.

유수 같은 세월 따라 부지불식간 노화한 나는 괄괄한 뙤약볕이 점점 힘겨워진다. 드러나지 않는 내부의 장기들도 고군분투하고 있었나. 여름만 되면 체중이 줄었다. 밤보다 긴 낮 동안 몸은 힘든 줄도 모르고 사부

작거렸다. 반면 시퍼런 동장군이 들이닥치면 몸서리치며 문고리를 부여잡는다. 추위는 날 응고시키려 하고 나는 누에고치가 되어 방구석 폐인이 된다.

이불 밖이 위험하지 않지만, 일용할 양식만 취하고 싶다. 오븐에서 갓 나와 윤기가 자르르한 호박고구마를 보노라면 꿀꺽 군침이 넘어간다. 세상을 순수로 장악한 설경을 휘감고 떠먹는 한겨울의 묘미인 아이스크림도 빼놓을 수가 없다. 북풍한설에 발이 묶인 에너지가 몸 안에 지방을 축적할 절호의 기회를 엿본다.

한파가 온기를 압살하는 이 와중에도 귀차니즘을 질끈 동여맨 20년 지기가 있다. 주일만 쉬는 커리어 우먼임에도 불구하고 친정을 주일마다 방문한다. 노총각 동생과 노쇠한 엄마를 위해 바리바리 음식을 싸 들고 가는 보기 드문 행보를 그린다.

탄수화물은 하얀 거짓말을 모방할 줄 모른다. 먹은 만큼 움직여서 밖으로 배출해야만 몸속에 쓸모없는 지방을 축적하지 않는다. 겨울이면 늘어난 몸무게로 제 존재감을 여지없이 드러내는 정직한 영양소이다. 언니는 탄수화물처럼 빤한 거짓을 모른다.

언니가 호출한 외식에 둘이 마주했다. 맛깔스러운 다

양한 소스가 한몫하는 샤부샤부가 오늘의 메뉴이다. 이목을 사로잡으며 보글보글 끓는 육수에 채소를 한 움큼 집어넣는다. 억센 배추가 온기에 흐물흐물 감겨 들면서 외피를 줄인다. 겉으로 보기엔 당차지만, 속은 여린 배추 같은 사람이 바로 언니이다. 뜨거운 내면을 들여다보면 가족을 위해 센 기질을 누그러뜨려 희생을 자처한다. 주일만 쉬는 고단함에도 열악한 친정 식구를 위해 천금 같은 새벽잠을 저축한다.

디지털과 더불어 주 5일제 근무가 자리 잡았다. 창세기에서 엿새 동안 천지를 창조한 하느님이 하루를 쉬었다는 일요일이다. 그마저도 오전을 고스란히 친정에 헌납한다. 신보다 한발 앞서 실천하는 언니도 가끔은 지쳐서 물먹은 솜처럼 천근만근인 날도 있다. 그런 날이면 신이 아닌 언니가 쉬고 싶다고 말한다.

팔팔 끓는 육수가 부글거리는 목소리로 얇게 썬 쇠고기를 투하할 때가 됐음을 알린다. 모여든 거품들이 에워싸자마자 핏물이 금세 가시는 고기이다. 서로에게 권하면서 수저를 집어 든다. 뜨끈한 국물이 찬 기운에 경직된 근육을 살살 이완시킨다. 올케가 둘이나 있고 언니도 있지만, 금손이 해 나른 음식에 길든 모자는 한숨을 내보내며 투덜거린다. 사 먹는 것은 못 먹겠다, 입맛에 맞지 않는다, 형수가 해오는 것은 소태다 등등 들이대는 이유는 많다. 얼굴에서 핏기가 쏙 빠져나간 언니는 퀭한 눈을 앞세워 친정으로 발길을 향한다.

턱밑까지 꽉 채운 단추처럼 갑갑증이 차오른다. 오랜 지기이자 동생으로서 단추 하나 풀어주고 싶은 마음이 솟아난다. 엿새 동안 소진한 에너지 충전을 위한 명분 있는 하루다. 쉼이 무색한 언니의 고단한 일상이 스위트 칠리 소스가 코로 삐져나온 듯 시큰하게 맵다. 아무리 친정 식구라도 호의가 반복되면 권리가 된다는 말을 소스에 콕 찍어주었다. 건성으로 고개를 주억거리는 언니의 무색무취한 표정이 안타까움을 자아낸다.

금손인 언니는 요리에서 탁월한 재능을 발휘한다. 동네의 모범으로 삼을만하다. 곰손인 내 손은 누구도 두 번 다시 찾지 않는다. 반짝거리는 것은 모두에게 선망의 대상이다. 하물며 그것이 값어치 나가는 묵직한 황금이라면 동경의 눈빛은 피할 도리가 없다.

까칠한 장미 둘을 떠나 맘 편히 하루도 살 수 없는 언니는 모충동 행성의 작은 공주이다. 그녀가 길들인 친정의 입맛은 마치 겨울이 되면 자연스럽게 따뜻한 고깃 국물을 떠올리며 침을 흘리는 파블로프의 조건반사처럼, 떼어낼 수 없는 껍딱지가 되었다. 몸이 파김치가 되어도 냉정하게 외면하지 못하는 선한 영향력은 언니의 노역을 부른다. 아니다, 수정하겠다. 보이지 않는 바람이 빠진 수레바퀴를 돌게 하는 고귀한 땜질이다. 지구란 행성은 자전과 공전만으로 돌아가진 않을 것이다.

악한 끝은 없어도 선한 끝은 있다고 한다. 피곤하면 콩나물같이 머리부터 들이미는 것이 게으름이다. 언니는 근면이란 검은 천으로 그것을 덮어 특유의 근성으로 몸을 일으켜 세운다. 자존심 강한 장미꽃, 두 송이에 언니가 행동으로 보여주는 것은 헌신이다.

당신이 가진 것을 줄 때 그것은 주는 게 아니다. 진정으로 주는 것은 자기 자신을 줄 때이다. 사랑의 음지에서 바지런한 금손을 내리꽂는 수은주를, 뜨거운 가슴으로 품은 동백이 바다 건너 제주에서 소식을 보낸다. "머잖아 뭍에 도착할 거야."

「수필미학」 2025년 봄호

사이보그가
걷는 시간

　사람 향기가 물씬 나는 불무공원 벤치에 앉았다. 앙
증맞은 아기가 땅을 딛고 선다. 경이로운 표정을 문,
젊은 아빠는 열렬히 응원한다. 토끼 같은 아기의 표정
이 햇살 같아 눈을 뗄 수가 없다. 한 발 한 발 내디딜
때마다 작은 신발에서 삑, 삑, 소리가 난다. 영상을 남
기는 엄마의 등에서 기쁨이 흘러나온다. 내게도 저런
때가 있었다.

　우리는 때가 되면 기고, 서고, 걷는다. 걷는 사람임
을 증명하듯 엄마는 평생을 걸었다. 신혼 땐 논두렁 밭
두렁을 넘었고, 도시로 나와선 일용할 양식과 생활비
를 벌기 위해 뛰었으며 퇴직 후엔 손자를 위해 걸었다.

길랑바레 증후군으로 투병할 때도 환자들이 잠든 밤에 복도를 밟았다.

너무 혹사한 탓일까. 뼈가 주저앉고 무릎 연골마저 무너졌다. 서로를 의지하던 뼈는 어긋나 휘고 시간의 무게에 신장이 눌렸다. 가까운 유원지마저 그림의 떡이 되었다. 게다가 엄마의 방심을 틈타 적기의 수술 기회마저 달아나고 말았다. 물이 차올라 퉁퉁 부은 무릎을 이끌고 엄마와 함께 병원을 찾았다. 갑자기 걷지 못할 거라는 의사의 섬찟한 단언이 엄마 무릎에 뚝 떨어진다.

몇 년 전, 엄마와 찾아간 정형외과에서 의사와 진료를 마친 후 결전의 날을 받은 적이 있었다. 당장 눈앞에 자식이 걸렸던 엄마는 망설였다. 몸에 칼을 대는 게 무섭다는 핑계로 차일피일 미루었다. 걷지 못하는 삶이 두려운 엄마는 자식들에게 짐이 되는 걸 원치 않는다. 오죽하면 몸소 기관을 찾아가 연명치료 거부 의향서를 썼을까.

"내 다리는 아직 쓸만해! 죽기 아니면 까무러치기다!" 민간요법과 자연 치유에 체중을 실은 엄마는 홀로 몇 년을 감내했다. 이제는 미룰 수도 없어 정면 돌파뿐이다. 누워서 여생을 보내야 한다는 말에 잠시 휘청했지만, 우리는 하루라도 빨리 인공관절 수술을 받기로 했다. 진료실 앞에 같은 증상을 호소하는 환자들이 대기하고 있었다. 수술을 앞둔 사람, 한쪽 무릎을 먼저 바꾼 사람은 많지만, 양쪽을 다 교체할 사람은 희귀하다. 양 무릎을 다 한다는 말을 듣자마자, 오만상을 찌푸린 이는 왼쪽만 수술했다. 10년 이상 젊어 뵈는 환자는 혀를 내둘렀다. 질색하며 경기하는 표정이 난 몹시 불편했다. 응원 한 마디 아쉬운 이에게 이 무슨 행태인지, 이겨내면 다시 걸을 수 있다는 격려가 절실했다.

재활실은 살벌한 광야만 같았다. 낯선 통증 앞에 고개를 빳빳이 세운 도도한 풍경은 명화 속에나 존재할 뿐이다. 안쪽에서 들려오는 비명과 흐느낌이 주변의 공기를 납작하게 만들었다. 어떤 이는 130도까지 무릎을 꺾으려다 실신했고, 또 고통이 어찌나 독하던지 어린 선생님 앞에서 아이처럼 울음을 터트렸다. 인간의 뼈와 기계의 부품이 결합한 효과를 보여줄 공간에서 인공관절 수술 환자들은 다시 걷기 위한 의지를 다부지게 다져야 한다. 경쾌한 발걸음으로 다시 걸을 수 있을지, 빳빳한 사이보그로 남을지의 갈림길이 여기서

판가름 난다.

아침 아홉 시, 우여곡절 끝에 엄마는 수술대에 올랐다. 가장 연로한 까닭에 먼저 수술 전광판에 이름을 올렸다. 네온사인이 되어 옆으로 이동하는 환자들의 실명에 의자도 가라앉았다. 의사는 메스로 무릎을 절개한후 뼈를 일부 제거하고, 인공관절 삽입의 단계로 뼈를 갈아내 금속과 플라스틱을 정교하게 조립했다. 무릎의절반 그 이상을 기계와 나눠 갖게 된 엄마는 사이보그가 되었다. 공지한 것보다 오전을 더 잠식한 시간이 흘러갔다. 마취가 풀리면서 망치 소리를 듣게 된 엄마는어디서 공사를 하는 줄 알았다는 후일담을 알렸다.

재활은 각오보다 더 혹독했다. 퉁퉁 붓고 멍든 다리는 남의 것만 같았다. 여섯 시간 이상을 움직이지 말고누워야만 했다. 평생 쉬는 법을 익힌 적 없는 이에게꼼짝할 수 없다는 명령은 고문이었다. 수술 부위가 채아물기도 전 재활이 시작됐다. 이 주 간격으로 바뀐 다리를 가진 엄마는 걸음마를 배우는 아기가 되었다. 한걸음, 한 걸음을 내디딜 때마다 낯선 통각이 밀려왔으나 마름모 다리에서 11자 다리로 거듭난 엄마는 해냈다. 나이는 숫자에 불과함을 증명해 환자들의 질투를 독차지했다.

"새 관절을 가졌으니, 이젠 많이 걸으셔도 됩니다."
걷는 것만큼은 자신 있는 엄마는 눈만 뜨면 힘껏 무릎
을 꺾었다. 처음엔 쉽게 꺾이지 않던 무릎이 점점 각도
가 넓어졌다. 입술을 깨물고 숨을 삼키며 '성모님, 아파
요.' 하소연하면서 130도를 기어코 꺾었다. 엄지를 척
세운 간호사가 의지의 한국인이라며 눈을 빛냈다. 의사
도 거들었다. "어머님 참 대단해요. 그 힘든 걸 해내시
다니요. 어머님 같은 환자만 있으면 제가 할 일이 없어
요." 빙그레 마주 웃는 엄마가 참 자랑스러웠다. "선생
님 덕분이에요. 걸을 수 있게 해 주셔서 감사합니다."

수술 전 엄마가 무릎을 끌고 걷던 때는 크로노스의
시간이었다. 곡선으로 어룽지는 길은 줄어들기만 할
뿐이었다. 엄마는 이제 카이로스의 시간을 살기로 했
다. 기회를 맞은 현재를 정면으로 응시한 의미 있는 시
간이다. 운동화를 신은 엄마가 다시 길을 나섰다. 천천
히 굴절되지 않은 곧은 시선을 들고서. "앞으로는 열
심히 걸어도 돼." 걸을 수 있는 스스로가 대견한 아기
처럼 느리지만 꿋꿋하게 걷는다. 엄마의 시간은 어려
졌다. 갓 태어난 사이보그의 모터는 아직은 느리다. 곧

빨라진 속력을 데려올 것임을 예감한 녹색 신호등이
눈을 감는다.

『한국수필』 2025년 8월호

마음의 색이 말을 걸 때

흠이
아름다운 곳

막바지 전시 준비가 한창인 숲속 갤러리는 숨 가쁜 오후를 보내는 중이다. 캔버스를 든 낯선 발자국들이 나른한 공기를 깨우는 풍경 속에서도 아름다운 조각품들이 전경을 감싼다. 그 모습에 눈이 둥그레졌다.

면장갑을 낀 나는 한 손에 나사못을, 다른 손엔 한껏 달아오른 드릴을 쥐고 하얀 벽 앞에 섰다. 새로 단장한 벽 표면에 상처를 내기가 망설여졌다. 손아귀에 갇힌 나사못이 벌벌 떠는 반면, 드릴은 기합을 외치며 저돌적으로 달려들 기세다. 어설픈 동정심에 잠기면 입술에 피가 맺힐 긴장감만 키울 뿐, 벽이 맞이할 숙명의 통증을 덜어줄 순 없다. 마음을 가다듬고 벽에 직각으로 못을 세우고 드릴로 찍어 단숨에 밀어 넣었다. 단단한 벽이 꿰뚫리는 비명을 팔이 타고 전신에 울렸다. 구슬땀에 콧등이 젖고, 어깨 근육이 뭉쳤다. 전시에 필요한 아픔만을 허락한 벽의 살갗에 우뚝 선 못 위로 캔버스가 조심스럽게 올라갔다.

대형 포스터가 양쪽에서 맞이하는 갤러리 입구에서 관람객들이 하나둘 전시실 안으로 들어섰다. 두 계절 내내 퇴근길 위에서 붓을 쥐고 그림을 그렸다. 바람도 가로등도 불타는 금요일 밤에 사랑하는 이들을 떠올리며 열정으로 완성한 초상화이다. 캔버스를 품은 벽의 가슴이 조명을 받아 다양한 색채를 발산했다. 그림 앞에 멈춰 감상하거나 스마트폰으로 순간을 담는 관람객의 모습이 포착되었다. 사람들의 목소리는 소거돼 재즈 음악만 홀로 유유자적하게 헤엄쳤던 전시가 끝나자, 벽에서 떼어낸 캔버스를 포장해 차에 싣기 시작했다. 열린 미닫이문을 통해 바람이 구르며 들어왔다. 허전한 전시실에는 관람객들의 체온과 시선이 머문 일화가 바람을 타고 부유했다.

갤러리와 약속한 전시 시한은 얼마 남지 않았다. 드릴을 다시 붙들고 벽과 마주한 나는 나사못을 뽑기 시작했다. 텅 빈 하얀 가슴에 못이 남긴 흠집들은 수두 자국처럼 흩어져 있었다. 이 흠이 없었다면 그림도, 사람들의 숨결도 품을 수 없었다. 주걱으로 떠낸 회색 반죽으로 흉터를 덮어 손끝으로 부드럽게 쓰다듬었다. 사포로 문질러 감쪽같이 원래대로 돌려놓았다. 말끔한 벽은 다음 전시를 꿈꾸는 듯 몽롱하다. 마주친 나도 눈동자가 흐려진다.

흠 없는 존재가 있을까? 삶은 필연적으로 상처를 남긴다. 몸에도, 마음에도, 시간 속에도. 어른용 짐 자전거에 처음 올랐던 날 비탈길에서 굴러떨어졌다. 허공에 물방울 포자들이 퍼지면, 선홍색 피로 풀숲이 물들었던 열한 살 다리의 흉터가 그날을 아릿하게 되살린다. 너무 맑은 물엔 물고기가 모여들지 않듯, 완벽한 존재는 외롭다. 완벽은 타자를 멀리한다. 깨지고 금 간 것들에게 마음이 이끌린다. 흠 없는 전시실 벽이 잡지속 사진처럼 완벽할지는 몰라도 작품을 품에 걸 수 없다면 무슨 가치가 있으랴. 우리라고 다를까. 고통을 모르는 이가 깊은 내면에서 우러난 공감을 줄 순 없다. 얕은 못에선 위로의 안개가 피어나지 않는다. 동정이라면 몰라도. 흠은 표면만으로 심오한 속살을 드러내지 않는다. 존재가 세계와 만나는 접점이어서 타자와의 상호작용을 이룰 때만 열리는 입술과 같다.

흠은 존재의 한계와 불완전한 우리를 위한 상징인지 모른다. 나무 스피커를 스피커 예술가와 함께 만들던 날이다. 울림을 위해 멀쩡한 나무에 동그란 구멍을 만들었다. 텅텅 빈 내벽에 닿아 부딪힌 재즈(jazz)가 이 명을 통해 바깥으로 아름답게 퍼져나갔다. 그림을 품으려면 벽은 못을 꽉 물어야 하고, 나무는 자기를 뚫어야 음악을 퍼뜨린다. 우리도 상처가 있어 타인의 아픔을 깊이 안을 수 있다. 흠 없는 벽은 침묵한다. 흠 없는 삶은 체온이 낮은 쇼윈도 안 마네킹 같다. 흠은 마음을 열게 하는 비밀 열쇠를 갖고 있어 자아를 넘어 타자와 세계로 이어지는 마법의 통로를 걸을 수 있다. 타자의 얼굴에서 윤리를 본다고 했다. 흠에서 우린 타자의 진실한 내면을 만난다. 고통의 흔적에서 태어난 공감은 치유의 힘을 품고 있다. 어쩌면 상처는 존재자가 존재로 남기 위해 치러야 하는 공과금일지도 모른다.

갤러리의 흠은 예술의 본질과 닿아 있다. 갤러리 벽은 말한다. 흠이 있어야 캔버스를 걸고 사람들을 품을 수 있다고. 내가 만난 예술은 완벽함을 추구하지 않고,

일련의 기법을 가까이하지 않았다. 흠을 통해 숨을 공유하는 전시 참여 작가가 될 수 있었던 이유이다. 상처가 없는 갤러리 벽면은 공허가 가득하다. 깨진 도자기를 송진과 금, 은, 백금 가루를 섞어 복원하는 킨츠기기법처럼, 예술은 흠을 아름다움으로 승화시켰다. 삶이라고 다를까. 상처 없는 삶은 얕아 메아리가 짧고, 공감 없는 삶은 고립되기 일쑤다. 흠이 우리를 더 깊은 존재로 만든다. 서로를 이해하고, 세계와 소통하게 하는 기호 없는 언어이다. 고통을 이긴 기록이자 삶의 깊이를 새기는 나이테이다.

　우리는 왜 흠을 두려워하는 걸까. 완벽함을 향한 집착은 우리를 닫히게 한다. 흠은 결핍이 아닌 잠재력의 속성을 숨기고 있다. 미완의 존재인 우리에게 끊임없이 타자와 세계를 향해 열려 있음을 보여주지만, 이는 발견한 사람에게만 해당한다. 우리는 세계 속에서 타자와의 관계 속에서만 존재한다. 흠이 그 증거이다. 상처는 우리가 살아 있음을, 사랑하고 아파할 수 있음을 말해주는 밀지이다. 전시실 벽은 흠집을 통해 캔버스를 품어 사람들과 예술의 숨결을 나누었다. 우리는 서로의 흠으로 공허를 감싸안곤 한다. 흠은 벽을 깨고 존재를 세계로 이끈다.

　다음 기획전이 임박하면 드릴은 또 벽을 울리고, 벽은 오롯이 감당하리라. 저마다 흠을 품고 살아간다. 흠이 있다는 건 누군가를 안을 수 있는 존재라는 뜻이다. 달빛 아래 창백한 벽이 속삭였다. 흠을 통해 더 넓은 세상을 품을 수 있다고. 그 아린 미소가 어스름에 신비롭게 흐르고 동조하는 미풍이 살갑다.

『울산광역매일』 2025년 3월

줌 아웃 앤
줌 인

때론 철근 콘크리트에도 틈이 생긴다. 시선이 머무는 프로그램을 발견했다. 가고 싶은 맘은 굴뚝 같지만 짬 낼 수 없는 오후이다. 아쉬움을 뒤로 접은 채 마음을 닫는다. 그 틈을 뚫은 볕뉘가 웃자, 차 열쇠를 낚아챈 나는 튀어 나간다. 휘슬이 울리기만을 고대하던 트랙의 단거리 선수 같다.

긴급 호출한 내비게이션의 안내를 받으며 고택으로 출발했다. 신호등의 눈치가 백 단이다. 초록 신호를 진두지휘하며 길목을 터준 터라 어느새 한적한 시골길이다. 길섶에 핀 코스모스가 손을 흔든다. 들녘은 황금으로 물들고 있다. 땀이 밴 한낮을 휘발하듯 바람이 춤춘다. 곧 벌어질 일에 들뜬 겹 맨드라미 민낯이 유난히도 붉다.

고택은 독립운동가 신형호 선생의 생가이다. 고종 18년에 완성돼 142년 역사를 간직한 한옥이다. 무릇 고택이라 하면 일흔 살은 돼야 한다. 선친인 신정식 선생이 의병에게 숙식을 제공해 독립을 지원했다는 죄목으로 일본군에 의해 집이 훼손되었다. 현재 안채만 겨우 남아 영광스럽게도 방문할 수 있었다. 오늘은 특별히 참여자를 위하여 모든 문을 열었다. 짓눌렸던 가슴이 그 통기에 한껏 솟아오른다.

고택을 둘러볼 여유가 생겼다. 마당 오른쪽 담 옆을 터줏대감이 지키고 있다. 주렁주렁 모과를 매단 나무에 시선이 온통 쏠린다. '저 나무가 만약, 담장 너머에 있었다면 이토록 반짝이는 눈빛을 모았을까?' 사람이든 식물이든 적재적소에 있을 수 있다는 건 어쩌면 행운일지도 모른다. 어디에 있든 역량을 발휘할 수 있다면 얼마나 좋을까. 과한 욕심의 화살은 쉬이 부러진다.

내 자리는 어디일까. 힘들게 손에 쥔 국가 자격증은 겨우 5년여 만에 책장 깊은 속에 잠재울 수밖에 없었다. 경력 단절의 위기감에 저녁과 주말을 반납해서 취

마음의 색이 말을 걸 때

득했다. 조심스럽게 이력서를 내민 첫 기관에서 합격 통보를 받았다. 어린 동기들보다 앞서 합격했기에 기쁨이 컸다. 그것도 잠시 한 달 동안 입사를 지연했다. 그 한 달이 별거 아닐 거라고 위로했지만, 봄이 되면 내 목덜미를 움켜쥐었다. 이로 발현된 턱걸이 앓이를 시작했다.

뒤껼으로 가 본다. 담 너머 붉은 지붕을 호박넝쿨이 맘 놓고 차지했다. 늙은 호박들이 햇살의 넉넉한 미소 아래 제 맘대로 뒹굴고 있는 모습이 정겹다. 흥부와 놀부의 박이 호박으로 둔갑한 듯한 착시 현상을 빗질한다. 사진으로 남겨두고 싶다. 맨눈을 첨단 렌즈 세 개가 따라오질 못한다. 디지털 혁명이라고는 하나 아날로그 감성을 누를 순 없다. 모자란 한 달이 옥죄는 철봉에 오르기 위해 고군분투한 새 학기 증후군이 생각난다. 저 호박처럼 마음껏 기량을 펼치지 못한 그때가 아프게 파고든다.

불길한 송곳니를 드러낸 출발 테이프는 이어 붙이는 게 아니었다. 근무 여건이 열악하기 짝이 없거나 의구심이 피어나는 일을 시키거나 수당을 베어먹는 사업주의 횡포로 피폐해졌다. 일과 가정 양립의 선상에서 저녁은 건너뛰거나 잠들 시간에 먹었다. 결국 올 것이 오고 말았다. 건강에 적신호가 켜졌다. 대상포진을 시작으로 찬 바람이 불면 초여름까지 달라붙는 몸살 후유증에 시달렸다. 독소가 발효시킨 빵빵한 얼굴이 아침 거울에 나타나선 오후가 빼주는 역 요요현상이 반복되었다.

앞마당 왼편으로 방향을 틀자 고소한 들기름 냄새가 침샘을 자극한다. 두 개의 프라이팬에서 오후가 맛있게 익고 있다. 재료는 버섯, 부추, 호박, 미나리이다. 감칠맛을 살려주는 양념간장을 곁들인 부침개를 권한다. 고택을 지키는 후손 할머니의 손맛이 일품이다. 둘이 두 장을 순식간에 꿀꺽했다. 후덕한 인심은 더 권하지만, 본론으로 들어갈 시간이다.

책들이 마당에 큰대자로 누워 있다. 미처 책을 챙겨오지 못한 이를 위한 배려였다. 비행기가 생각나는 저자의 얇은 책을 골랐다. 『바다의 선물』이다. 우린 통했다. 책날개를 읽어보니 경비행기와 연관된 린드버그의 아내였다. 옆에 앉은 P 시인이 문장이 너무 와닿는다면서 펼친 책을 보여주었다. '소명대로 산다는 건 세상에 시선을 두고 나를 찾는 게 아니라, 나에게 시선을 두고 내 안의 조용한 소리를 듣는 것이다.' 멍멍디노가 올렸다는 글이다.

작은 숲속 같은 마당, 마주 보며 웃는 산들바람, 등에 기대는 햇살, 침묵을 독려하는 명상음악에다 모과 향이 오후의 근육을 살살 풀어준다. 일상의 고단을 맴도는 두통을 내 밖으로 몰아낸다. 오롯이 책 속에 빠져들었다. 고택에서 출발한 몸 명상이 내면에 집중하자 잡념을 걷어낸다.

잠시 바깥쪽으로 줌 아웃 한 엔진을 꺼둔, 고즈넉한 오후가 줌 인 한 나를 투명하게 바라본다.

『한국수필작가회 대표작 선집』 2024년

급류 앞에 선
엄마

언젠가 아이가 말했다. "엄마는 다른 애들한테는 친절하면서 나한텐 가끔 불친절하더라?" 묘하게 욱신거리는 마음을 숨기고, 스스로 변호하듯 대답했다. "옆집 아이였다면 친절했겠지. 부모니까 잘 키우려고 훈육하게 되네." 고개를 끄덕인 아이는 표정을 풀었는데, 외려 갇힌 건 나였다. 가시 묻은 말이 잠자던 불안을 건드려 파문을 일으켰다.

유년 시절, 풍부하지도 다채롭지도 않은 세계 속에 있었다. 누구도 마음을 묻지 않았고, 나 또한 의문스러운 감정을 꺼내 본 적이 없다. 보기와 달리 얇은 마음은 곧잘 찢어지기에 안으로 고이 접었다. 내면 아이를

마음의 색이 말을 걸 때

숨긴 어른으로 자라 나이만 많은 엄마가 되었다. 출산 후 찾아온 산후우울증은 몸보다 마음을 먼저 무너뜨렸다. 일을 병행하며 육아를 도맡게 된 일상은 총탄 한 발 없는 전쟁터 같았다. 돌무더기 속에 핀 한 송이 꽃 같은 날들이 위태롭고도 애틋했다. 울고 웃는 모든 순간이 자책으로 가슴을 짓이겼다. 감정 한 모금 추스를 여유가 없던 나를 내 아이는 어떤 마음으로 바라보았을까 생각하면 머리가 얼었다.

어느 날, 아이는 폭탄처럼 자퇴를 투하했다. 제도 바깥으로 나가겠다는 포고가 거센 물살처럼 집안을 덮쳤다. 학교 밖 세상은 경험하지 못한 미지의 세계였다. 그 불모지에서 아이가 다치진 않을까 걱정이 앞섰다. 뜻을 지지하기보다 조심스레 회유하는 말을 식염수처럼 흘려 넣었다. 단단한 철근을 두른 그의 가슴에 조언으로 작용하기는커녕 부식만 증폭했다.

축지법을 써서라도 뛰어넘고 싶은 날들이 암초에 걸린 듯 지나갔다. 담임 선생님과의 면담에 응해 달라는 SOS를 보낸 아이는 어떤 회유에도 눈을 꾹 감으라는 주문을 걸었다. 학생의 불투명한 미래로 격랑이 이는 학교 분위기에 압도된 나는 눈에 힘이 풀렸다. 교장 선생님까지 합류한 정제된 언어의 범람 속에서 중심을 잡지 못해 아이가 염두에 둔 데드라인을 넘겨버리고 말았다.

균열로 팽창한 온몸으로 아이는 불신을 뿜어냈다. 물살에 휘둘리는 날 보며 자신을 사랑하지 않는다는 원망의 눈총을 발사했다. 고개를 들 수 없는 소용돌이에 휩쓸린 나는 멀미가 났다. 지금 아는 것을 몰랐던 밤들이 뿌옇게 떠오른다. 자식이 신뢰하는 부모란 자리는 거저 주어지지 않았다. 꼿꼿하게 뿌리를 박고 제 자리를 지키는 일이 얼마나 고된지. 부모 교육을 통해 자각해도 내가 바뀌지 않으면 순풍은 불지 않았다.

현기증을 방류하는 급류를 마음고생 끝에 통과했으나 여전히 출렁이는 물길을 만나면 멈칫한다. 뜻하지 않은 아이의 선택을 오감으로 흡수하느라 밤과 절친하며 내면 아이가 붉거졌다. 엄마가 더 잘 안다는 착각이 물을 흐렸다. 사랑은 감시가 아니었다. 걱정은 사랑의 이름을 빌린 불안을 불러왔다. 내 작은 세계를 수용하고 마르는 아이의 뒷모습을 좇으면서 비로소 그의 세계와 교차했다.

요즘 우리 둘은 접점이 되는 경제 이슈로 소통하는

시간을 보낸다. 소소한 일상에서 눈빛과 호흡을 섞은 시간이 쌓이면서 아이는 미래상을 꺼내 보여주기도 한다. 지금을 놓치지 않으려 열심히 붙잡는 중이다. 자기를 밀어 올렸던 손보다 옆에서 걷는 발이 좋다는 윤슬이 이는 대화법을 즐긴다.

육아는 순간이 선택의 연속이었다. 때로는 믿고 흘려보내야 할 때가 있었다. 아이의 인생에 가장 가까운 타인으로 곁에서 지켜보는 차선을 실천하고 있다. 흐르는 물 앞에 서면 잠시 주춤한다. 변화라면 급류 앞에서도 발을 뗄 수 있다는 거다. 물살에 휩쓸릴까 봐 두려워하지 않는 방식을 나누는 아이와 함께 나의 내면 아이도 성숙해진다.

어쩌다 먼저 간 발자국이 나 있는 안쪽이 그리울 때가 있다. 그럴 때면 팝업으로 일렁이는 변화의 물결이 똑같은 텍스트를 읽지 말라고 일깨운다. 저마다 리듬과 숨결이 있어 숲에서도, 도시의 골목에서도 아이가 자란다. 외부든 내부든 배움에 깨어 있는 삶은 머물지 않는다. 학교 밖은 결핍이 아닌 낯선 언어와 감각, 질문과 해답이 자라는 곳이었다. 틀에서 벗어난 듯해도 자기만의 리듬으로 성장하는 단단한 의지가 깃들어 있다. 익숙한 노선에서 벗어난 아이가 선택한 도식 같은 골조를 가슴으로 익힌다.

아이는 제 속도로 자신만의 지도를 그려나간다. 낯설어 인적이 드문 곳에 응원만 쏟다. 눈에 띄지 않은 오솔길을 향한 용기를 격려하는 어른이 쉽진 않았다. 제도 밖의 가능성은 다른 언어로 피우는 꿈 같았다. 활기차게 걷는 아이의 등에 언제든 반길 마음의 등불을 밝힌다. 삶은 저마다의 방식으로 익히는 여정이다. 아이의 세계에 귀 기울이며 내 세계의 지평을 넓혀간다. 아이는 불모지에서 에피퍼니를 물고 오는 종달새이다.

『한국수필작가회 대표작 선집』 2025년

마음의 색이 말을 걸 때

그들과의 동거

언제부터인가 그 녀석들이 모습을 자주 드러낸다. 지금의 아파트에 아이의 나이만큼 살고 있다. 우리 집이 몇 도의 각도를 비튼 배산임수 명당이라 아이는 피력한다. 처음 이사 와서도 이들을 이렇게나 빈번하게 봤었나 싶다. 해 뜨면 출근하고 별 보며 퇴근하는 일상을 보냈기에 정확히는 알지 못한다.

베네치아에 간 적이 있다. 산 마르코 광장에는 관광객 수에 버금가는 비둘기가 날았다 모여들곤 했다. 낭만을 연주하는 현악기 선율과 잘 어우러진 그들의 안무에 눈이 휘둥그레졌다. 모이를 주는 이방인들에게 달라붙어 날개를 접는 모습이 티치아노 그림처럼 경이로웠다.

그때와는 사뭇 달라져 농도 짙은 감정의 싹이 조금씩 돋아나고 있다. 하나둘씩 수를 늘리는 그들이 내 보금 자리를 침범하지 않았을 때는 분명 우호적이었다. 우리 가족의 영역을 점유하곤 몹쓸 흔적을 남기기 시작하면서 시각 또한 조금씩 선회하고 있었다.

우리 둥지는 꼭대기 층이다. 거실 천장이 다른 집보다 두 배 이상이 높아서 일단 들어서면 시야가 넓다. 계단을 타고 올라가면 안방 크기와 맞먹는 다락방이 있다. 천장 높이가 고르지 않은 고딕 양식이 가미된 아치형이다. 그 방의 문을 열면 또, 안방 크기와 유사한 정사각형의 테라스와 베란다가 기다리고 있다. 이곳이 바로 녀석들의 눈에 들어 점거하기에 안성맞춤이었으리라.

비둘기의 종류는 많다. 그중에서도 우리 집에 날아든 건방진 종은 집비둘기이다. 놀랍게도 고려시대 가요 유구곡에서 '비두로기'라는 이름으로 등장했다. 그당시 그들은 현재의 집비둘기가 아닌 멧비둘기이다. 새벽녘이나 해가 질 무렵에 "꾹, 꾹, 꾸룩꾸꾹" 구슬프게 우는 종이 멧비둘기라 한다. 이 멧비둘기가 유난히 내 영역에서 맴돌고 있다. 프로펠러 기능을 하는 날개로 안착하기 좋은 우리의 터전을 점찍은 것이라 유추한다. 헬리콥터도 고층 빌딩 옥상에 H라고 씌어져 있는 곳에 착륙하지 않는가.

최근 베란다 외부 창문 청소를 의뢰했다. 돈을 받은 사람은 지붕 위 굵은 외줄에 생명을 담보한 채 허공에 매달려서 유리창을 닦았다. 깨끗한 풍경을 보고자 기꺼이 그 비용을 감수했다. 우습게도 아무런 부담도 하지 않은 요것들이 내 수고로움을 망쳐 버렸는데 사과조차 없다. 보란 듯이 창문에 똥을 싸서 허옇게 뿌려놓는다. 먹은 것을 게워 더럽게 흩뿌려 놓는다. 도대체 무엇을 먹고 다니기에 길쭉하고 푸짐하게도 싸놓았다. 부리도 작고 날개도 그다지 크지 않은 것들이 하필이면 내 공간을 어지럽히는지 붙잡아 두고 심문하고 싶다.

그뿐만이 아니다. 확장한 아이 방의 실외기 옆에 신혼집을 차렸다. 이른 새벽이나 늦은 밤에도 둘이 깨를 볶느라 아주 좋아 죽는다. 주인 따윈 안중에도 없다. 나무가 지천이거늘 굳이 이곳에 나뭇가지를 물고 왔다. 제 몸에서 떨어져 나온 검고 하얀 털 잔해도 쌓아 놓고 방치한다. 이 지저분한 것들아, 너희들이 행복에

겨워할 때 안주인은 고민에 겨워했다.

비둘기 똥내가 난다며 아이가 환기를 거부하는 사태가 벌어졌다. 어쩌면 좋은가. 기다리던 굵은 비가 은총을 내린다. 좀 눅눅하고 끈적여도 봐주겠다. 아이와 합동 작전에 들어갔다. 옛날 항아리에 물을 길어 머리에 이고 나르던 것과 비슷한 장면을 연출한다. 실외기 주변에서 물에 불어 터진, 도리(道理)는 쌈 싸 먹은 것들의 배설물이 들뜨기 시작한다. 뒤늦게 위기의식을 감지한 듯 이제야 몸을 나부대기 시작한다. 저들끼리 서로 비책을 내놔라, 앞다투어 등을 떠밀어 보지만 소용없다. 묵직한 양동이가 퍼붓는 물살에 버티질 못하고 아래로, 나의 시야 밖으로 추락하기 시작한다. 악마의 검은 눈처럼 서로 밀어내며 아래로 떠밀려 간다. 왜 더러운 것들은 나쁜 짓을 할 땐 뭉치고 위기 상황엔 서로 밀어내는 걸까. 속이 뻥 뚫린다. 깨끗한 실외기 주변이 영혼의 눈을 뜨이게 한다.

익히 알고 있던 평화의 상징인 비둘기는 어쩌다 상황이 만든 행운의 좋은 예일뿐이다. 세계 2차 대전에서 승리한 연합군 추축국 처리를 위해 여러 의사회를 개최했는데, 제정한 통신용으로 사용한 비둘기를 상징으로 그려 넣었다. UN이 이를 받곤 평화가 목적으로 바뀌었다. 연합군 의사회 상징과 통신용 비둘기가 절묘하게 맞아떨어진 거였다. 평화를 주장하는 정치적 온건파를 비둘기파로 부르고, 강경파는 죄 없는 맹금류인 매파라 부르기도 한다. 10까지 셀 수 있는 비둘기는 기억력이 좋다. 그러니 인간과 대거리를 작정하고 성역에 들어왔으리라. 문제는 자연 상태의 비둘기는 1년에 짝짓기를 한두 번 하지만, 도심 지역의 이들은 일곱, 여덟 번이나 한다는 것이다. 주위에서 매일 보는 비둘기 수가 이를 제대로 뒷받침한다.

한동안 바쁜 일상으로 실외기를 거들떠보지 않았다. 새대가리란 말은 취소해야만 한다. 다른 조류는 고전을 고수하지만, 이들은 변화에 적응하는 능력이 비상하다고 수정하겠다. 착지하기 좋은 평평한 실외기와 비바람을 피하기 적합한 외벽 사이에 차린 신혼집에서 비둘기 부부가 아들딸 쌍둥이를 낳았다. 성별은 모르겠으나 그들의 즐거운 유희를 볼 때 정답일 듯하다.

나 또한, 새끼가 있기에 내치고 싶진 않다. 아이에게 물었다. 비정한 아이는 비둘기가 요즘 개체 수를 기하급수로 늘렸다면서, 히치콕 감독 영화의 새처럼 사람을 공격할 수도 있다는 논리로 맞선다. 달걀에는 아무런 죄책감도 없으면서 엄마는 왜 비둘기가 뭐라고 그 알에 잣대가 다르냐고 반문한다. 흠칫 놀랐다. 그 이유라면 말할 수 있다. 비둘기가 내 구역에서 알을 낳았다. 더구나 난 새끼를 낳은 어미다. 달걀은 사 먹는 것이기에 감정이 다른 것이다. 혹여 내 새끼에게 화가 미치지 않을까 우려되는 마음에 작은 처신조차 조심스럽다.

　결론을 내렸다. 부화한 알이 어린 새가 되는 날에 작별하련다. 그때까지 눈감아 줄 창문에 실외기를 사수할 쌍심지를 미리 켜두었다.

『문창콘』 2025년

마음의 색이
말을 걸 때

영혼을 갉아먹는 소음을 더는 참을 수 없었다. 사무실 책상 옆에 놓인 상비약이 눈에 거슬린다. 잦은 두통에 시달리던 나는 그 뿌리 원인을 찾아보았다. 내면을 비웃는 외부의 수런거림이 나를 칡과 등나무처럼 휘감고 있다.

"때는 이미 지났어." "뭘 하겠다고?" "다들 그렇게 살아!" "끝까지 해내야 의미가 있는 거지!" 퉁바리를 놓는 이런 소리가 하고 싶은 것들을 주저하게 만들고, 창작의 꿈을 꺼뜨렸다.

두통을 유발하는 고것들을 싹 무시하기로 결심했다. 잔뜩 구긴 욕망을 펼쳐 마음이 향하는 이정표를 따라

일탈을 시작했다. 오랫동안 나는 돈을 벌고 모으는 데
에너지를 쏟았다. 어린 시절 가난의 기억이 혀를 깨물
게 한 검은 때를 밀어내고 싶었다. 통장의 숫자를 늘리
기 위해 머리를 쥐어짰다. 하고 싶은 일, 배우고 싶은
것은 늘 '나중'이라는 서랍에 넣고 자물쇠를 걸었다.

세월이 빠르게 흘렀고, 문득 거울 속의 내가 손에 쥔
것은 그럴듯한 명분에도 불구하고 초라한 통장 금액과
스스로 얽어둔 굴레로 제풀에 지친 모습이었다. 아침
에 일터로 향하는 발걸음은 무거웠고, 흔들리는 통장
의 숫자는 빛을 잃은 별 같았다.

결심했다. 늦었지만, 지금이라도 하고 싶은 것을 하
자. 10년 뒤에는 이 후회와 미련을 남기지 말자. 억눌
린 갈망의 매듭을 풀었다. 그림 그리기를 시작했다. 붓
이 스치는 순간, 세상과 단절된 시절이 눈앞에 다가왔
다. 캔버스 위에서 창조의 기쁨을 되찾았다. 그 시간에
는 두통이 찾아오지 않았다.

피아노 앞에 앉아 굳은 손가락을 건반 위에 올렸다.
낯익은 멜로디가 손끝에서 어설프게 피어났다. 한 곡
을 몇 달간 지속하자 흥미를 잃고 피아노를 멀리하다,
성안길에서 만난 엇박자 리듬과 첫눈에 반해 버렸다.

주위의 눈총에도 굴하지 않고, 수르두(Surdo) 북을 삼바 리듬으로 두드릴 때 가슴이 울렸다. 부족한 만큼 더한 열정으로 바투카다 무대에 여러 번 올라갔다. 세종과 천안의 길거리 예술가로 선정된 순간은 영화 「코요테 어글리」의 바이올렛이 어둠 속에서 부르기 시작한 '달빛은 이길 수 없어요.' 장면처럼 믿기지 않았다.

　모든 시도가 뜻대로 따라주지는 않았다. 흥미를 잃으면 미련 없이 내려놓고, 새로운 끌림을 따라나섰다. 이를 지켜본 동료가 내게 끈기가 없다고 혀를 찼다. "잘빠지다 왜 쉽게 그만두고 또 다른 걸 하냐, 포기하는 거냐?" 멋쩍어진 나는 대답했다.

　"하고 싶으면 하는 거고, 싫증 나면 그만두는 거지. 억지로 붙잡을 필요 있나? 그동안 못 해본 걸 원 없이 해보는 거야. 맞지 않으면 미련 없이 떠나보내는 거지."

　내면을 거스르는 생각은 창조를 가로막는 안경이다. "그걸 굳이 해야 해?" "야, 모양 빠져." "실패하면 어쩌려고 그래?" "완성하지 못하면 의미가 없어." 고민은 망설임을 달고 왔다. 이 벽을 모래성처럼 허물고 싶었다. 호기심이 끓는 대로, 가슴이 뛰는 대로 따르며 새로운 나를 발견할 수 있었다. 완벽하지 않아도, 완성하지 않아도, 시도하는 순간부터 나의 삶은 풍요로워졌다.

하고 싶은 것을 거듭 눌러 담는 마음은, 비 내리기 직전 짓눌린 하늘 아래 떠 있는 조각배와 같다. 가슴이 뛰는 것을 좇고, 이건 아니다 싶으면 미련 없이 내려놓는 삶이 나를 자유롭게 풀어놓았다. 그림을 그리다 북을 두드리고, 무대에 서다 또 다른 꿈을 꿀 때 머릿속에서 두통이 사라지고 가벼워졌다. 세상이 다채롭게 다가왔다. 억눌렸던 꿈을 아기처럼 끌어안고 가슴을 풀어헤치는 순간 독특한 향기가 온몸에 퍼졌다. 한 번도 일탈하지 않았던 내가 제2의 사춘기를 맞은 요즘 바빠졌다. 행복이 무엇인지 뚜렷이 그리진 못하지만, 이보다 포만감을 느껴본 적이 없다. 때를 놓쳤다는 강박과 원망이 사라진 걸 보면 이것이 행복이 아닐까 싶다. 낯설지만, 낯을 익혀가는 새로운 시기에 취한 지금 이 길을 나의 꽃길로 삼는다.

3부

깊은 밤이 삼킨
흑과 백

검고 흰 마음이 마주 앉는다.
말 없는 밤이 귀를 열고
침묵은 주의 깊게 듣는다.
흑백의 경계에서 바라보면
어둠이 지난 자리마다
진실은 또렷하다.

물귀신 낚싯줄에
걸린 날

"이제 새로운 작품을 연재하고 독자에게 응원받아 보세요!"

브런치 작가 알람이 떴다. 요즘 브런치가 카톡에 자주 얼굴을 들이미는 터라 알림을 곧장 열지는 않았다. 고요한 저녁이 오면, 찻잔을 옆에 두고 차분히 읽어보리라 다짐해 두었다. 그러던 중 오전에 L 선생님이 요청한 사진 링크가 문득 떠올랐다. 링크를 찾으려면 받은 메시지를 열어야 한다. 스마트폰을 내려 스크롤을 훑는다. 이런, 손끝의 조준이 빗나갔다. 링크 대신 브런치 알람을 눌러버렸다.

앱은 말없이 요구한다, 업데이트하라고. 설정에 들어

가 개인정보를 입력하라며 친절히 링크까지 올려준다. 약속은 소중하므로 순순히 지시를 따른다. 다시 브런치로 돌아오자 본인 인증을 요구했다. 이 스마트폰은 내 명의이고, 분명 내가 사용 중이다. 그런데, 여섯 자리 인증 번호를 열심히 입력해도 '본인 인증'이란 투명한 거미손을 뚫을 수가 없다. 헛발질만 연거푸 할 뿐이다.

내가 나를 증명하지 못한다. 이건 내 핸드폰이지 대포폰이 아니다. 디지털 시대, 그것도 전 국민이 일상에서 수십 번 드나드는 코스닥 상장사인 카카오가 아닌가. 카카오페이, 카카오뱅크, 카카오스토리, 브런치 스토리에다 카카오톡까지, 카카오는 내 하루를 지배하는 디지털 왕국이다.

브런치 작가가 된 지도 어느덧 1년이 지나 S 배지를 받은 에세이 크리에이터가 되었고, 마침내 응원받기 기능이 열렸다. 설레는 문턱 앞에서 본인 인증이라는 관문이 가로막고 섰다. 어떻게든 뚫고 나가야 한다. 문제의 근원을 찾아보니 방법은 둘이다. 하나는 본인 인증 초기화 요청이라지만, 여러 블로거가 시간이 오래 소요된다며 손사래를 친다. 남은 선택지는 새로운 계정 개설이라 한숨이 길게 흘러나온다.

마음의 색이 말을 걸 때

로봇 챗과 이야기하라고? 카카오 고객센터인 카톡을 접속했다. 공상과학 영화에선 등장 로봇이 주인의 마음을 척척 알아차리던데. 심지어 인간의 마음을 훔쳐 사랑에 빠지기까지 하던데. 나와 당면한 이 현실은 어떤가. 음성도 아닌 채팅으로 민원을 해결하자니 정신적 에너지가 소모돼 방전될 것 같다.

오감이 지적해 주었다. 이건 아니다, 민원은 사람에게 맡겨야 한다고. 자꾸만 처음으로 되돌리는 자동 응답 시스템에 인내심은 바짝 타들어 갔다. 글이 어려운 것도 아닌데 인공지능은 내 머리 꼭대기에 앉아 사악한 뱀의 혀처럼 농락한다. 원점으로 되돌려 쳇바퀴 돌게 하고, 고충을 잘 알아듣는 척하다가 첫 단추를 주는 단계로 데려간다. 소귀에 경을 읽어도 이보다 나을 지경이다.

젖은 손끝으로 창을 닫았다. 진이 다 빠졌다. 나를 휘감은 건 신경망의 피로와 지근지근한 편두통이다. 따뜻한 체온을 가진 가슴이 그리웠다. 사람은 참으로 꽃이다. 로봇은 나를 팽이처럼 돌리며 귀신같이 숨은 통점을 찾아내 잘도 때린다. 저는 미동도 하지 않고서 짜증을 유발하곤 내 속에다 열불을 지른다. 언제 다시 나를 붙잡고 늘어질지 모른다는 의혹의 불씨를 남긴 셈이다. 내 기필코 해결하고야 말리라.

얼마나 내가 카카오를 사랑했던가. 카카오 주가가 바닥을 쳤을 때도 주식을 보유하며 장기 투자를 부르짖었다. 고수익을 현금화하지 않고 버티는 충성심을 로봇이 안다면 배려해 주어야 하지 않을까. 그뿐인가. 카카오가 만든 스토리 플랫폼은 모두 섭렵 중이다. 카카오스토리는 나만 보기로 저장해 둔 소장용, 티스토리는 소통용, 브런치 스토리는 내 진정성을 시험하고 통과했다. 오기로 무장한 글에는 끔쩍하지 않다가 마음을 꾹 눌러 담은 단 한 편에 손을 들어주었다. 카톡 선물하기는 친교의 큰 다리가 되었다. 주고받는 작은 바코드 속에서 우정과 사랑이 불꽃놀이처럼 팡팡 터진다. 가슴으로만 품은 관심과 사랑은 바람 앞의 촛불과 같다.

응원이 뭐라고, 이 기능 하나에 이토록 내가 출렁인 걸까. 응원하기가 열렸다고 해서 독자들이 응원을 퍼붓는다는 보장은 없다. 그럴 만큼 내 글이 독자를 끌어당기는 매력이 있는가. 혹시, 글은 허술한 채 금전의 덫에 걸려 마음만 앞섰던 건 아닐까. 특별한 작가들의 응원받기를 보며 나도 그러할 거라 착각한 건 아니었는지. 혼자 북 치고 장구 치다 눈이 멀 뻔했다.

삼독(三毒)이 떠올랐다. 숨어 있던 온라인 플랫폼의 늪에서 허우적거리던 내 모습이 한심하게 느껴졌다. 무려 두 시간 동안 시달렸다. 차분히 대처하지 못한 채, 난로 위에서 들썩이는 주전자 뚜껑처럼 펄펄 끓고 말았다. 브런치가 만든 흥분의 도가니에 편승한 챗봇의 담금질에 이리저리 끌려다녔다. 사람도 아닌 로봇 챗에게 영혼을 빼앗길 뻔했다.

시간이 꽤 지나왔지만, 수련의 터널은 여전히 갈 길이 멀다. 돌발 상황, 특히 물질문명의 균열에 너무나 취약하다. 욕심을 내려놓았다고 착각했지만, 디지털 앞에서 벌거벗은 모습이 참으로 초라했다. 정신을 깎아내는 길은 좁은 문, 욕심을 가늘게 바늘처럼 쳐내야 한다. 탐진치(貪瞋癡)의 환상에 취한 나를 어쩌면 로봇은 꿰뚫어 볼 수 있었는지도 모른다. 무서운 알고리즘을 타고 기계가 알아차린 나의 약점인 본인 인증의 구멍, 그 틈을 마침내 슬그머니 메워놓았다. 후련하다.

『무심수필』 2025년

동그라미의 힘

숨이 막힌다. 더럽고 지저분한 것들이 들이댄다. 나를 포위한다. 끈적한 눈빛을 한 깜장들이다. 늘 그렇듯 조금만 내어주고 나면 곧 평화를 되찾으리라. 그들은 나와 묘한 애증의 관계이다. 가까울수록 나는 물려 작아지고 멀어지면 딱딱해진다. 부드러운 나와 단단한 나는 같은 듯 다르다.

도시의 놀이터에는 흙 한 줌조차 귀한 존재이다. 시소와 그네가 있는 풍경 속에서 겨우 만질 수 있던 흙모래도 제 정체성을 찾아 떠나버렸다. 20년간 박혀 있던 돌을 빼낸 자리에 굴러온 우레탄이 강력 접착제로 제 몸을 단단히 밀착했다. 귀한 모래놀이를 할 수 있는 큰길

마음의 색이 말을 걸 때

건너 D 아파트는 적어도 30년 이상 묵었다. 손가락 사이로 빠져나가는 흙의 감촉에 아이가 해맑게 웃는다. 콘크리트 숲을 이웃한 구역에서 흙의 정기를 받을 수 있는 유일무이한 곳이 되었다. 단짝과 둘이 삽으로 오전을 팠던 조카를 데리고 들어왔다. 시키지 않아도 화장실로 직행한 아이는 수도꼭지를 틀었다. 콸콸 뿜는 물줄기다. 고사리손에 물비누를 야무지게 조물조물 바른다. 불어나는 자잘한 동그라미 속에 밖의 흔적이 담긴 모습을 보며 가슴 속 환한 영상이 얼굴을 내민다.

천둥벌거숭이 시절, 자연을 벗 삼아 놀고 싶었다. 냇가에 굴러다니는 작은 조약돌은 안성맞춤인 놀잇감이었다. 돌로 공기놀이하고, 땅을 파는 만큼 손끝에 거스러미가 늘었다. 검은 초승달 띠를 두른 손톱 밑 살은 바깥 활동을 열심히 한 훈장이었다. 밥때가 되면 놀이는 끝나고 귀소본능처럼 집으로 돌아왔다. 딱딱한 비누를 문질러 낮의 지문을 지웠다. 동그란 거품은 민낯의 세균을 끌어안고 수채로 들어간다. 흡사 왜장의 몸을 껴안고 진주 남강에 몸을 던진 논개 같기도 하고, 새끼의 몸에 달라붙은 삿된 것을 등에 지고 불구덩이에 뛰어드는 모정과도 같다.

의학자들과 역사학자들이 손을 꼽는 인류를 구한 물품 1호가 비누다. 매일 손발을 이것으로 씻기 시작하면서 감염과 질병이 나락으로 떨어졌다. 목욕하고 옷을 세탁하면서 수명은 20년이나 늘었다. 십 리를 걸어가야 작은 약방 하나 있던 얕은 골짜기에서 엄마는 가족의 주치의였다. 음식을 잘못 먹고 탈이 나면 수지침을 놓았고, 배앓이하는 밤이면 따뜻한 돌을 감싸 몸을 데우고 약손으로 단전에 기를 넣어 주었다. 찬 바람이 불면 천식을 앓는 딸을 위해 겨울마다 생강과 도라지를 다리는 것 또한 잊지 않았다.

그뿐인가. 엄마는 모발 전문가이기도 했다. 미용실은커녕 단 하나 있던 이발소에 다녀온 딸이 온종일 훌쩍거려도 못 들은 척하는 줄 알았다. 어느 날, 팔을 걷고 마당에서 보자기를 쾌걸 조로처럼 펼치더니, 손수 머리를 다듬었다. 한여름 무성했던 머리칼이 싹둑 잘려 추풍낙엽처럼 수북이 마당에 쌓였다. 초등학교 생활 통지표의 종합 의견은 늘 단정하며 깔끔하다는 평이 있었다. 순전히 거품 같은 보살핌 덕분이었다.

비누는 관절 환자이다. 앉았다 일어날 때 무릎은 뭉크처럼 절규하고, 뒤틀린 뼈를 맞추느라 표정은 아찔하다. 걸어야 살지만 지나치면 물이 차오르는 딜레마에 빠진다. 의지의 한국인은 그럼에도 동그라미를 발산하며 움직였다. 눈에 밟히는 어리고 연약한 아이를 돌보러 엄마가 출동한다. 당신을 깎아낸 안전한 거품으로 손자의 방과 후를 품으러 간다.

물에 휩쓸려 떠내려가는 거품이 늘어날수록 비누는 뼈가 갈라지며 쪼그라든다. 엄마의 기력은 예전 같지 않다. 한해가 다르다. 빽빽한 숲이던 몸피는 스스로 벌목한 듯 듬성듬성 공백이 생겼다. 참선 수행한 비누처럼, 작은 오솔길이 몸에 새겨진다. 비누는 점점 작아지며 영혼을 거품으로 탈고한다. 숭고한 동그라미는 후세를 위해 기꺼이 자신을 내던졌다. 노자가 말하는 자승자강(自勝者强)은 이런 모습이 아닐까. 자신의 몸피를 벗어내는 과정에서 나 역시 탈피의 고통에 줄줄 새던 시절이 있었다.

흑백만 존재하는 바둑이 삶이라면 어떨까. 순진하고 고지식했던 나는 흑과 백 너머 회색이 있다는 걸 좀처럼 용납할 수 없었다. 백 돌을 쥔 채, 겁도 없이 흑 돌을 쥔 미시 세계에서 많이도 부딪혔다. 둥근 세계에서 모난 나는 그렇게 부딪히며 모서리를 갈아냈다. 지구는 둥글고 둥근 것은 순환한다. 고체로 출발해 몸을 갈아낸 동그라미로 세계를 정화한 비누는 무위의 자연으로 돌아간다. 모난 돌이었던 나는 동그라미의 정기를 받아 점점 둥글어진다. 세상과 타협하며 때로는 흑과 백이 되고 어중간한 회색이 되기도 한다. 둥글게 사람을 껴안고 때로는 안기며 흙으로 돌아가리라.

부모가 되기 전에는 할 수 있다는 명제가 오롯했다. 생명을 낳고 양육하는 일이 얼마나 벅찬 과업인지 날이 갈수록 새삼스럽게 다가온다. 부족한 인간임을 절실한 날엔, 깨문 입술에서 핏물 같은 고백이 배어난다. 뜻대로 되지 않는 일에 좌절하지만 내 부모가 그랬듯 알아주지 않아도 오물에 닿길 마다하지 않는다. 비누가 나의 부모님을, 부모인 나를 보여준다. 흙의 동그라미가 될 때까지, 엄마의 역할은 가족을 끌어안고 정화해야 하리라.

과거의 부모님은 고체 비누였다. 요즘 신세대 부모는 물비누 같다. 무조건 희생하는 단단함에서 현재를 즐길 줄 아는 부드러움으로 진화했다. 뒤에서 아낌없이 주는 나무처럼 지원하면서도 사랑을 숨긴 고체가 내 부모였다면, 액체인 요즘 부모는 손잡고 걷는 동행을 추구한다고나 할까.

몽글몽글 물 만난 물비누가 하늘 바다를 항해한다. 비눗방울이 보여주는 우주, 그 세계를 따라가는 아이의 걸음이 사뿐하다. 그 순수를 휘황하게 말아줄 셔터를 누르는 손은 누구일까.

깊은 밤
숨은 그림 찾기

유비무환은 돌발 변수에 강한 힘을 발휘한다. 반 시간이면 넉넉한 오송역에 혹시나 하여 복사한 양만큼 앞선 시각에 출발했다. 생각지도 않은 화장품 엑스포가 진행 중일 줄이야. 주차 공간을 찾는 것이 급선무이다. 역내에서 좀 떨어진 시골길을 지나 JJ 부동산 앞에 차를 세운 후, 위치를 공들여 망막에 각인하고 역으로 향했다.

인문 칼럼니스트 공모전에 무작정 도전장을 내밀었다. 칼럼이란 글자와 언어로 귀에 익도록 보고 들었다. 막상 쓰려고 하니 개지 한가운데서 호미 한 자루 들고 선 것처럼 막막하다. 먼저 정의부터 짚어보고자 한다. 인문학이란 광야에서 파종하려면 그래야 할 것 같다. 짧지만 깊은 고민 끝에 씨앗 두 종류를 골랐다. 하나는 그나마 익숙한 심리학에 관계를 덧댄 상호작용이다. 나머지는 요즘 심취하고 있는 적극적 몰입이다. 넓게 뿌리기에는 나의 협소한 저장고란 한계가 있다. 알찬 북주기로 잘 키워 선보이리라.

가는 날이 장날이다. 미리 시뮬레이션한 버스를 기다린다. 광화문 일대에서 시위 중이라 운행하지 않는다고 한다. 불길한 예감이 가슴을 섬뜩 스친다. 손을 명치에 얹고 긍정으로 다스린다. 예정에 없던 지하철을 탔다. 모녀로 보이는 어머니는 내 목적지가 궁금하다. 세종문화회관은 종각이 더 빠르다면서 근방까지 날 챙긴다. 줄었던 미간이 늘어나며 긴장이 풀린다. 따스한 말 한 조각이나마 나도 누군가의 구김을 펴는 데 일조하리라.

소가 뒷걸음질 치다가 쥐를 잡는다는 말이 있다. 예정된 당선자 발표일인 금요일이다. 예정된 공지는 감감무소식이다. 칼럼니스트가 되고자 하는 열망은 강했으나 미흡하다는 걸 안다. 어떤 사람들이 당선되는 걸까. 대표전화로 질의했다. 국내는 물로 해외에서도 응모자가 많아 심사가 늦어졌다고 한다. 간절하면 이루어지리라. 늦어진 공지에 내 이름이 앞머리에 떠 있다.

불길한 예감은 왜 적중하는 것일까. 돌아오는 길은 더듬지 않고 제대로 향할 수 있었다. 즐거웠던 시상식으로 이완된 근육이 비몽사몽간에 당도한 역이다. 오늘이 다 가기 전에 침대에 누울 수 있다는 생각에 없던 기운이 솟아난다. 애마를 찾아간 나는 햄스터가 쳇바퀴 돌듯 밤을 헤맸다. 등이 축축하도록 걸었건만 출발했던 지점이다. 망막을 추종하는 감성 때문에 이성이 속울음만 씹는다. 밤에 들뜬 엉뚱한 길은 버틴 기력을 후들거리게 한다. 풀린 시계태엽을 대체 몇 회나 되감은 걸까. 계맹의 낮과 밤의 차는 예상치보다 컸다. 일만오천 보가 머리에 쥐 나도록 깨닫게 한다. 그간 보이는 부분만으로 얼마나 편협하거나 조급하게 행동했던 것일까. 그랬다. 뜨물 같은 한밤 이면이 대기하는 줄도 몰랐다. 보고자 하나 볼 수 없다는 도덕경 문구는 후렴이 된다. 깊은 밤에 걷기 한번 제대로 한다.

시골길은 순박하지만은 않다. 의외로 통이 크다. 빛은 물론 상식까지도 통째로 삼킨다. 새벽이 가까워지는 야심한 밤, 꼬박 하루 삼만 보에 절인 몸이 탈진할 것만 같다. 부츠는 피곤 앞에 적나라하게 노출을 감행한다. 역에서 본 비니 쓴 배낭을 불러 세웠다. 사정을 설명하고 도움을 청했다. 남자는 트럭을 안내한다. 찰나가 이렇게도 긴 시간이었던가. 억측과 어두운 상상이 꼬리를 문다. 뒤늦은 겁대가리가 올라온다. 머리부터 발끝까지 새까만 그를 뒤따르는 손가락이 떨며 자판을 두드린다. '이 차량번호 잊지 마. 한 시간 내 나한테 연락 없으면 신고해. 나 지금 트럭 타.' 오늘 일정을 아는 친구에게 다급히 보낸다. 아닌 밤중에 홍두깨다.

새삼스레 나이를 먹었다고 심안이 깊어지지 않음을 체감한다. 그나마 위기 상황에 대처할 수 있는 소심함은 있다. 자극적인 헤드라인과 공포 영화가 알려준 것은 자나 깨나 인적 드문 밤길 조심이다. 안다는 고질병이 선한 이마저 치한으로 둔갑시킨다. 경계를 부르는 어둠의 저편에서 송곳니를 드러내는 사회악이 씁쓸하다. 불거진 의심병이 차 문고리에 바짝 붙는다. 남자가 감도는 어색한 공기를 환기하려 대화를 시도했다. 어디 다녀오냐는 물음에 발작을 일으킨다. 서울병원에 치료차 다녀왔다는 어설픈 거짓말로 버벅거렸다. 어디 아프냐는 질문에 아픈 척한다. 혹시나 몹쓸 생각이라도 한다면 환자니까 잠재우라고 밑밥을 깔아둔다.

바짝 졸았던 가슴이 별안간 퍼지면서 벅차오른다. 그
토록 찾았던 눈에 익은 부동산이 보인다. 익숙하다는
게 이렇게나 가슴 떨리는 거였구나. 늘 곁을 지켜 고마
움을 몰라준 것이 낯부끄럽다. 남자는 차 가까이 내려
주겠다며 좀 더 가자고 한다. 혼자서 범죄 영화를 찍
었던 나는 스스로에 찔려 전광석화로 인사하며 하차했
다. 익숙한 애마에 올라타자마자 문을 잠근다. 친근감
이 투여한 진정제가 뜨물을 걷어낸다. 휴, 날숨이 빠져
나오자, 심장이 제자리를 찾는다. 들숨이 참 길었다.

날 세웠던 어깨가 내려온다. 집으로 오는 여정이 이
렇게나 길 줄이야. 그 남자에게 뒤늦은 미안한 감정이
쫓아온다. 손 내밀고는 덜컥 가슴이 철렁한 것은 아는
것이 병이다. 증세가 잦아들고 난 후에야 비로소 아직
살만한 인심이 뭉클하게 고맙다. 생의 가장자리 테두
리에서는 작은 선심이 큰 고단함을 날려준다. 음지의
반대편 양지를 본 날, 혼자만으로 세상을 살 수 없음을
통감했다.

깨진 달빛 부스러기에 쿨럭이며 주저앉을 때마다 날
일으켜 준 자장이 있음을 오감으로 안다. 내게 드리워

진 애정과 그늘이 있다. 보이지 않는 등 뒤에서 밀어주는 응원과 격려로 나는 오늘도 앞으로 나아간다.

「한국수필」 2023년 4월호

종이달로 헤쳐본
망령

　달은 동경을 품고 그리움을 안은 상징이다. 그 빛은
늘 아련한 정서를 불러일으킨다. 같은 달을 바라보며
동양은 소원을 빌고 서양은 늑대인간을 떠올린다. 라
틴어로 달을 뜻하는 lunar에서 파생된 영어로 lunatic
은 '미치광이'를 의미하여 달에 요사스러운 이미지를
덧씌운다. 동서고금을 막론하고, 휘영청 밝은 달빛은
문인들의 펜을 끌어당겼다.

　지구의 유일한 위성인 달, 특히 보름달은 만월이라
불리며 만삭의 풍요로움과 여신을 상징한다. 그 부드
러운 빛은 모든 것을 포용하는 모성으로 다가온다. 바
라보는 이의 마음을 푸근하게 하고 소망을 얹고 싶게

만든다.

종이로 만든 달은 쉽게 찢기고 구겨진다. 여기, 숨 막히는 일상에 갇힌 수인의 삶을 사는 이화라는 여성이 있다. 똑똑한 그녀는 처연한 눈빛을 하고 있다. 남편은 서류상 부부일 뿐, 정서적 유대는 남보다 못하다. 그는 시간과 돈을 아낌없이 나눌 줄 모른다. 우스갯소리로 진정한 사랑은 시간과 돈을 내어주는 것이라는 말을 들었다. 이화의 남편은 그것에 참 인색하다. 그렇다고 타인의 피 같은 돈에 손을 대는 행위가 정당화될 수는 없다.

은행원으로서 황금을 돌처럼 여겨야 하는 삶을 살았다. 이화가 쌓아온 경력은 순환 근무로 점철되었다. 몇 년에 한 번씩 낯선 곳에 발령을 받으며 익숙해짐과 그로 인한 나태함 사이를 오갔다. 열심히 다니던 학원 커리큘럼이 마지막 학기에 멈추는 씁쓸함도 겪었다. 자체 감사 업무를 맡았던 시절, 다행히 큰 사건 없이 지나갔다. 만약 불미스러운 일이 터졌다면, 경위서를 쓰거나 감봉 같은 불명예를 안았을 것이다. 시간이 흘러 욕심이 부른 동맥이 그곳에서 파열되곤 했다. 횡령이라는 망령이 그녀들의 주변을 맴돌았다.

이화의 이야기는 단편이 아니었다. 이십 대 초반의 청경은 나이 든 고객에게 친절하고 사근사근한 직원이었다. 모두가 그녀의 노인 공경을 칭찬했다. 무단결근한 오전 셔터가 올라가고 경찰이 찾아왔다. 모바일 조작에 취약한 고객의 모바일뱅킹을 도와준 그녀는 예금을 은근슬쩍 빼돌렸다. 이는 동거하는 남자 친구와의 생활비로 탕진했다고 밝혔다.

이십 대 후반의 국고 담당자는 정기 휴가보다 이른 휴가를 내고 십억 원을 횡령했다. 그녀는 국고의 자금 회전 주기를 악용하여 돌려막기를 했고, 강원랜드에서 만난 물 찬 제비 같은 남자에게 명품과 벤츠 세단을 사주며 사랑을 붙잡으려 했다.

삼십 대 초반의 또 다른 그녀는 티파니, 샤넬, 에르메스를 두르고 다녔다. 우리는 그녀가 부잣집 딸인가 했다. 고객의 변심으로 인한 취소 거래를 교묘하게 이용해 허영심을 채웠던 긴 꼬리는 결국 잡히고 말았다. 욕망의 구렁텅이에 빠진 그녀들에게는 빨간불이 켜질 줄 몰랐다.

횡령은 물질만능주의가 팽배한 시대의 망령이다. 수면 위로 드러난 사건들은 빙산의 일각일 뿐이다. 작은 올챙이 도둑은 쉽게 잡히지만, 광풍에 휩싸여 황금을 내 것이라 착각한 대도는 인터폴의 수배 명단에 오른다. 이마에 맺히는 소금의 의미를 무시한 사람은 바람에 찢길 가짜 달빛에 길을 묻곤 한다.

말은 욕망의 다리를 타고 달린다. 질주는 아름다우나, 고삐가 없다면 파멸로 내달리기 쉽다. 조선의 말은 왕의 명을 전하기 위해 달렸고, 몽골의 말은 제국을 확장하기 위해 초원을 가르며 달렸다. 어떤 말은 자동차 엠블럼 위에서 힘과 속도를 과시한다. 우리는 때로 말 위에 앉아 바람을 가르며 자유를 꿈꾸지만, 욕망이라는 채찍에 쫓겨 어디로 달리는지조차 잊곤 한다. 달빛 아래 말의 숨결이 차오른다. 고삐를 쥔 자는 누구인가. 진정한 빛은 멈출 줄 아는 이에게 허락된다.

내면에서부터 차오르는 빛은 자랑하지 않아도 이목을 끈다. 겉멋에 치중하지 않고 속을 가꾸는 이들은 구겨질 종이달이 아닌, 말랑한 진짜 달을 보여준다. 그들은 욕망의 늪에 빠지지 않는 진정한 노동의 가치를 지키며 자체 발광한다.

『울산광역매일』 2023년 6월

존재의 증명

어떤 이는 한 분야에서 독보적인 존재로 우뚝 서기 위해 고독하고 혹독한 길을 걷습니다. 타고난 천재는 몸을 혹사하면서도 진지한 태도로 집착과 인내를 반복하죠. 오로지 한 가지에 몰두할 때 신의 경지에 이를 수 있음을 보여주려나 봅니다. 길을 걷다 우연히 마주친 미인의 분위기나 매력에 눈이 저절로 따라가듯, 파트리크 쥐스킨트의 소설 『향수』는 독특한 매력으로 저를 사로잡았습니다. 책을 다 읽고 나자 강렬한 향기가 저를 끌어당긴 힘이 무엇인지 되묻습니다.

세상에는 무서운 이들이 있습니다. 하나의 목표에 푹 빠져 주위가 보이지 않는 이들입니다. 책은 이러한 몰입의 극치를 보여주는 작품입니다. 글씨는 크지 않고 문장은 화려하지 않지만, 이야기는 단숨에 읽힙니다. 독서에 몇 시간이 걸리는지 잴 수 없었죠. 바쁜 일상에서도 손에서 놓을 수 없던 이 책이 저에게 물었습니다. '너는 꿈을 위해 얼마나 심신을 단련했고, 사람들로부터 무시당하면서도 온 정신을 언제까지 쏟아부을 수 있는가?' 주인공 장 바티스트 그르누이의 오만함은 어쩌면 당연해 보이기도 합니다. 요람에서 무덤까지 오직 향기에 모든 것을 바친 삶이니까요.

몸과 영혼은 둘이 아닌 하나라는 것을 그는 간과했습니다. 그만의 방법을 인간의 존엄성으로 비춰보면 비극적이죠. 그는 무려 스물다섯이나 되는 어린 여성의 생명을 빼앗아 완벽한 향기를 만들었습니다. 생명은 한 사람의 존재 가치를 증명하는 근거입니다. 냄새가 없거나 보이지 않는다고 해서 존재하지 않는 게 아니란 것을, 오직 가시 영역에만 꽂혀 있던 그가 알 리 없습니다. 과학은 이미 보이지 않는 것들의 존재를 증명해 왔습니다. 냄새 없이 태어난 그는 사는 동안 향기에만 집착하며 고통받다 결국 자멸을 선택합니다. 문득 제가 어떤 이를 멀리했던 순간들을 떠올립니다. 잘 알지 못하면서 두려워하거나, 못난 편견에 사로잡혀 그를 경계했던 것은 아니었을까요.

상상해 봅니다. 모두가 고운 피부를 가졌는데, 저 홀로 소나무 껍질 같은 피부를 가졌다면 어떤 마음 수련으로 살아가야 할까요. 사람들은 징그럽다며 다가오기를 꺼리고, 저와 거리를 두려 할 것이 분명합니다. 과거 한센병 환자들이 소록도로 추방당했던 것처럼, 저주받은 존재로 여겨질지도 모를 일이죠. 영구적인 흉터를 안고 매끄러운 피부를 열망하며 절망의 늪에 빠질 수도 있을 겁니다. 그르누이의 삶도 이와 다르지 않았습니다. 그가 지나간 자리마다 죽음의 그림자가 드리웠기에 그의 결핍을 온전히 두둔하기는 어렵습니다.

또 다른 상상입니다. 만약 심각한 아토피에 시달려 밤이 더 괴로운 이의 피부에 스물다섯 명의 아름다운 여성들로 만든 향수를 바른다면 어떤 일이 벌어질까요. 그르누이가 단두대에 오르기 위해 마차에서 내릴 때 군중들은 환호하며 우러러본 것처럼, 누군가도 초자연적인 존재로 거듭날지 모를 일입니다.

그는 태어날 때부터 냄새와의 악연으로 사랑받지 못했습니다. 결핍 속에 태어난 그는 인간의 냄새를 혐오하며 한때 동굴 속에서 자유를 누리기도 했지만, 결국 다시 인간 곁으로 돌아왔습니다. 정체성을 찾기 위해 그는 스스로 향기를 창조하여 신격화된 존재로 거듭납니다.

스물다섯 명의 여성에게서 추출한 달콤한 향기는 그를 미혹시켰습니다. 완벽한 향기를 얻기 위해 미친 그는 연쇄살인마가 되었습니다. 냄새가 없는 그가 냄새의 신이 되었고, 그 향기를 매개로 인간을 자유자재로 조종하게 되는 아이러니는 그의 일관된 집착이 만든 것입니다. 군중은 일급 범죄자인 그를 대천사 가브리엘처럼 성스럽게 바라보며 열광했습니다. 그가 비록 '진드기' 같은 존재라 하여도 인간인 그르누이는 이내 정체성의 혼란에 빠집니다. 나르시시즘을 자극하는 향기를 몸에 입고도 결국 식인의 제물로 스스로를 지웠습니다. 마치 이 세상에 존재하지도 않았던 것처럼 말이죠.

짧고 강렬한 이 소설은 한여름에 만나 열대야를 내보낸 부채 같았습니다. 페이지마다 작가가 강박적으로 반복한 단어가 있었는데, 그것이 바로 '진드기'입니다. 36쪽, 50쪽, 103쪽, 132쪽, 196쪽, 281쪽에서 무려 여섯 번이나 등장합니다. 진드기는 인간의 따뜻한 살을 파고들어 사는 기생충처럼, 그르누이가 세상의 온기를 알지 못한 채 집착만을 파고든 존재임을 상징하는 듯합니다.

타오르는 열정과 치밀한 계획으로 연마된 글은 사람들의 눈과 영혼을 사로잡습니다. 만약 제가 키보드에 미남들의 피를 묻힌 그루누이의 향수를 발라 독자를 매혹하는 필력을 얻는다면 어떤 일이 벌어질까요. 안심하세요, 이는 상상에 불과합니다. 묻고 싶습니다. 우리는 무엇에 집착하며, 그것은 우리를 어디로 이끄는가? 그의 비극은 한 살인자만의 이야기로 끝나지 않을지도 모릅니다. 정체성을 찾아 헤매는 인간의 갈망이 낳은 파괴란 비극이 문명의 그늘에서 미래에는 무성하게 자라진 않을까요.

작열하는 기세로 숨 막히게 치닫는 여름입니다. 진드기가 기생하기에 매우 좋은 계절이기도 하죠. 집착을 털어내고 열대야를 잠재울 숲의 향이 그립습니다. 숲이 연주하는 느린 시간 속에서 디지털을 비우고 존재의 본질에 귀 기울이고 싶습니다.

「무심수필」 2025년

본능을 깨우다

달리고 싶다. 어려서 액셀 한번 시원하게 지르지 못한 엔진이 쿨럭, 마른기침한다. 고스란히 세월을 받아낸 밑동에서는 버석버석한 낙엽 같은 잔해가 덜컥 떨어진다. 밤 열 시가 넘은 시각, 동 입구에는 차들이 주차장을 꽉 메운다. 입주 초기에는 여유가 넘쳤던 공간들이 불어난 가족계획 실패로 몸살을 앓는다. 언제부터인가 번쩍번쩍한 외제 차들이 제 나라를 두고 제집인 양 가부좌를 틀고 있다.

입주 원주민인 나는 아파트와 갑장인 자가용이 있다. 출퇴근만 이용하기에 연식에 비해 30,000km라는 우스운 역사를 자랑한다. 먼 곳을 쏘다니지 않는 무심한 주인 만나 늘 허공만 응시한다. 주차장 밖 먼 산을 향해 뚫린 창살 없는 감옥살이라고나 할까.

소형차와 가까운 내 차를 사람들은 무심코 똥차라 칭한다. 모근이 허옇게 셌지만, 어디든지 이동하는 데 문제는 없다. 날씬한 체형으로 주차가 수월해서 여간 고맙지 않다. 늦은 시각에 돌아오면 진가를 발휘한다. 덩치 큰 친구들이 직진과 후진을 하며 용을 쓸 때 잽싸게 빈자리를 꿰차는 순발력이 돋보인다.

퍼져 있는 일원들의 중심지에 주차하러 간다. 도로에서 갓 태어난 듯한 차들의 행진을 본다. 어디서 이런 차들이 숨었다 나오는 건가. 허풍 떨지 않는 실속 있는 애마를 당당하게 세운다. 각자 헤쳐 모인 선후배는 다른 차로 이동하자고 한다. 고물차로 인식된 동행은 오늘도 한낮의 수행자로 주차장에 안거할 듯하다. 후배가 농을 던진다. 돈 벌어 뭐 하냐면서 차를 바꾸라는 거다. 얼굴이 붉어진다. 함께 노쇠한 듯 울적하다. 낯선 풍경에 파묻듯 동행은 한눈을 판다.

틀린 말은 아니다. 다만, 아직 수긍하고 싶지 않은 미련이 도사리고 있다. 어느새 속된 말로 퇴물이 되는 전환점에서 헤매고 있다. 돌아보면 찰나의 연속인 화

마음의 색이 말을 걸 때

소만 같다. 앞을 보아도 막연하다. 이룬 것보다 이루지 못한 아쉬움이 크게 밀려온다. 성과는 비루하건만 연식만 오래 묵었다. 고물차란 멍에는 비단 후배만 주지 않는다. 분양을 앞둔 아파트 견본 주택 주차장에 서면 비련의 주인공이다. 완전 무수리 취급이다. 길을 나서면 배려받지 못하는 노후 차, 주인은 그 말에 반론을 펴지 않고 묵인한다. 고마운 내 이동 수단을 보면서 자화상을 본다. 방어한다고 상대를 피하려다 모서리에 긁혀도 군말이 없다. 상처받지 않고자 공격하지 않고 미리 방어 태세를 갖춘다.

번지르르한 돌피보다 속이 꽉 찬 알곡이면 된다고 홀로 삭혔다. 어제가 오늘을 보장하진 않는다는 걸 뒤늦게 깨닫는다. 동행도 그러하다. 내일의 질주를 꿈꾸며 얼마나 복부를 말고 있었는가. 뒤로 미룬 꿈은 짐작보다 더 멀리 도망간다. 휴지 같은 별 볼 일 없는 이력이 혼잣말로 허공에서 흩어진다.

애물단지의 물은 물건이란 뜻을 품는다. 곱상하지 않은 비웃음이 숨어 있다. 중고가 된 차는 적나라하게 비바람과 맞섰기에 관절염이 생겼다. 쪼그려서 밑을 들여다보면 녹슨 티가 역력하다. 동안이라 입발림을 받는 나 또한 가만히 보면 숨길 수 없는 상흔이 있다. 의술의 힘을 받지 않은 피부를 자세히 들여다보면 세월의 풍화가 자욱하다. 가벼운 접촉 사고 한번 낸 적 없고 무사히 날 수송해 준 대견한 지기에게 연고를 정성껏 발라준다. 은색으로 반짝이는 발목 보호대를 장만했다. 오랜 지기의 얼굴에 모처럼 광채가 난다. 나의 입가에도 미소가 따라 흐른다. 이렇게 우리는 또 한 해를 정답게 동행하리라.

질주하고 싶은 본능은 달리는 말뿐만이 아니다. 자동차 또한 어찌 달리고 싶지 않을까. 눈금은 시속 200km까지 표시되어 있다. 자신의 한계를 시험해 보고 싶지 않을까. 고속도로에 쉽사리 들어서지 않는 의기소침한 주인 만나 기껏 해 봐야 100km나 달려봤을까. 자신의 속도가 과연 시속 얼마나 될지 알기나 할까.

이십 대는 질주하는 청춘이다. 현실이란 테두리에 갇혀 나는 정해진 동그라미 안에서만 무한 반복된 삶을 살았다. 그래서일까. 늘 머리 한구석이 시끄러웠다. 공상과 상상, 때로는 망상도 하면서 밤을 다독였다. 하고 싶은 것들이 참 많았다. 적나라한 현실이 내민 핑계 아닌 회계 앞에 무릎을 꿇었다. 늘 오지 않을 수도 있는 내일을 기약했다. 다음은 어느새 수십 년이 지나 생의 반환점을 지나왔다.

어린 날처럼 아끼고 요리조리 따져보고 재고 싶지 않다. 오늘의 소소한 행복을 내일로 이월하지 않을 것이다. 불끈 욕망이 떠오른다면 도덕이나 법에 저촉되지 않는 한 바로 행동에 옮기리라. 이십 때처럼 빠른 속도로 질주할 순 없겠지만 내 페이스에 맞추어 달려보자. 덜덜거리지만 어깨 살살 두드리면서 애마와 함께 뒤늦은 질주 본능을 깨운다. 일어나, 달려보자 힘껏!

「코스미안뉴스」 2024년 10월

눈, 빛으로 쓴
편지

하루가 물방울처럼 증발하듯 사라지고, 달력 한 장에 인쇄된 날들은 어느새 저만치 흘러간다. 어떤 날은 마음 깊이 스며들어 내 안에서 피와 살이 되지만, 또 어떤 날은 바람에 흩어지듯 멀리 날아가 버린다.

살다 보면 이성과 논리로는 설명할 수 없는 순간을 마주한다. 바람처럼 스치거나 깊은 물처럼 우리를 들여다보는 순간들은 나이가 들수록 더 자주, 더 선명하게 찾아온다. 특히 삶의 끝자락에 선 이들의 눈빛은 오래도록 내 안에 메아리친다. 그들은 마치 보이지 않는 세계로부터 초대를 받은 듯 모든 미련을 내려놓은 평온한 얼굴로 나를 바라보았다. 그 순간, 삶과 죽음 사이를 잇는 신비로운 끈을 어렴풋이 느꼈다.

지난 정월, 생신을 맞아 찾아뵌 이모부는 연세에 비해 건강해 보였다. 내 손을 잡고 담담히 말씀하셨다. "내년엔 날 볼 수 없을 거야." 그 목소리에는 후회나 두려움이 없었다. 오직 아름다운 마무리를 향한 소망이 담긴 표정이었다. 말속의 의미를 어렴풋이 느낀 내 눈이 젖자, 이모부는 부드러운 미소를 띠며 내 손을 놓으셨다.

몇 해 전 병실의 고요 속에 누워 있던 큰엄마도 떠오른다. 창문을 통하여 오후 햇살이 격자무늬로 드리운 병실에서 큰엄마는 오래된 약속을 지키듯 고요한 미소를 지으며 말씀하셨다. "이제 다 괜찮아. 더 아쉬울 게 없어." 그 한마디에는 세상 모든 집착과 걱정을 내려놓은 깊은 평화가 깃들어 있었다.

아버지와의 마지막 기억은 얼굴의 이목구비가 희미해졌음에도 또렷하다. 생의 끝자락에서 아버지는 무언가를 들은 듯한 눈빛으로 말씀하셨다. "나, 저 푸른 밭으로 가야 해." 당시에는 그 말이 허무맹랑하고 엉뚱하다고 생각했다. 며칠 뒤에야 깨달았다. 아버지는 이미이 세계의 무게를 벗고, 다른 세계로 향하는 문 앞에서 계셨던 거다.

고인이 된 어른들의 그 순간들을 단지 섬망이나 뇌의 착각, 우연으로 치부하기에는 너무 깊고 진했다. 어쩌면 생명의 연료가 소진되고 호흡을 잇는 산소가 약해질 때, 인간은 토끼처럼 보이지 않는 세계의 미세한 속삭임을 듣는지도 모른다.

나이가 들수록 우리는 필연적으로 초자연적인 순간과 가까워진다. 과학으로 설명되지 않고 논리로 포착되지 않는. 그런데도 마음 깊이 울리는 진실이 있다. 이모부, 큰엄마, 아버지의 눈빛은 죽음이 삶의 종말이 아니라 또 다른 차원으로 이어지는 문임을 일러주는 듯하다. 삶의 덧없음을 알면서도 의미를 찾아 나서는 여정에서 사랑하는 이들과 함께할 수 있음이 얼마나 귀한지 깨닫게 한다.

삶은 상처로 점철된다. 사랑하는 이와의 이별, 설명할 수 없는 좌절, 광대한 우주 속 무력감에 때로는 주저앉는다. 부름을 받은 이들의 눈빛과 손길은 상처 입은 우리를 다시 일으킨다. 아이에게도 어른에게도 사랑받는 토끼가 잠수함에 탑승하듯, 우리는 두려움과 불확실함을 안고 세상에 나아간다. 그 여정에서 신비로운 부름은 삶의 깊은 의미를 찾도록 우리를 이끈다.

이모부가 입원하셨다는 소식을 들은 이튿날, 엄마는 슬픔을 추스르고 전화하셨다. "나물 반찬이 많이 들어 왔네. 와서 좀 가져가." 그 다정한 목소리에서 평범한 일상 속 사랑과 연대의 소중함을 거듭 깨달았다.

삶은 거창한 철학이나 위대한 깨달음으로만 이루어 지지 않는다. 나물 반찬을 나누는 소박한 애정, 병상에 서 손을 맞잡는 따뜻한 온기, 부름을 받은 이들의 초연 한 눈빛 속 신비가 우리의 하루하루를 물방울처럼 감 싼다. 그 물방울들이 모여 우리는 조금씩 더 나은 존재 로 거듭난다.

죽음이 임박한 이들의 달관한 눈빛은 내 가슴에 글을 쓴다. 비관하며 수면 아래로 가라앉기보다 불안하더라 도 앞으로 나아가라는 그 글은, 죽음의 예고가 아니라 삶을 더 깊이 사랑하라는 편지다. 내 나이도 점점 몸피 가 커진다. 언젠가 미지의 세계로 향하는 문 앞에 섰을 때, 두려움 대신 안온한 미소를 지을 수 있다면, 이는 그 문 너머에서 사랑했던 이들의 눈빛과 손길을 다시 받을 수 있다는 불멸의 징후일지도 모른다.

『울산광역매일』 2025년 5월

그늘에서 만난
세계

책상에 우뚝 선 독서 등이 살포시 나를 굽어본다. 투명한 독서대에 비스듬히 기대고 있는 책을 천천히 더듬는다. 시력이 저하된 한밤에 글자를 훑을 수 있는 조력자가 있으니 흐뭇하다.

먹빛 진담으로 한동안 적적하던 가경천이 어째 시끌시끌 문전성시를 이룬다. 겨우내 입던 살집이 잡히는 어두운 옷을 남긴 나를 꾸짖는 듯하다. 며칠 전 스쳤을 때만 해도 싸늘함은 여전했건만, 고새 곱게 화장하고서 변신에 성공했다. 여태 겨울잠에서 덜 깬 나만 어둡게 천변을 걸어간다. 화사한 풍경의 이마에 가로줄을 긋는 골칫거리 같다.

저녁엔 뭘 해 먹나. 이런 고민하는 나는 알약으로 모든 영양소를 대체할 끼니를 개발하고 싶은 주부이다. 조금 멀어도 시장에 걸어가는 중이다. 얼마쯤 걸었을까. 못 보던 작고 발랄한 조명들이 나무와 나무 사이 참새처럼 전깃줄에 매달려 있다. 따라 걷고 싶은 '낭만의 거리'란 조형물이 새하얀 앞니를 보여준다. 아치형 다리 옆에는 버스킹(Busking)할 수 있는 무대가 설치되어 있다. 밤에 공연을 즐길 수도 있겠다며 봄바람이 그림자를 흔든다. 대낮과 숨바꼭질이라도 하는 걸까. 야단법석을 떠는 참새들의 천진한 비행이 사라졌다. 자동차들의 타이어가 아스팔트를 긁고 지나가는 소리만이 크게 와닿는다. 밤이 되면 어떤 모습일까.

점심을 거른 오후가 저녁을 욱여넣는다. 아삭한 상추에 얹은 매콤한 쌈장으로 한 입이 크고 야무지다. 소화도 시킬 겸 낭만의 거리를 걸어볼까 싶어 나왔다. 시시각각 변하는 밤의 표정에 오가던 발길이 헤벌쭉해져서 근육이 풀어진다. 반려 강아지도 설렌, 속눈썹을 깜박이는 가로등 아래 살구꽃이 혈관까지 눈부시다. 앉은뱅이 조명 뒤에서 수선화가 얼굴을 쏙 내민다. 있는 줄도 몰랐던 작은 꽃을 불빛이 주시한다.

칠흑이 덮은 풀숲은 은밀한 이야기를 속닥거린다. 나무에 기댄 가로등이 어째 치인다. 꾸벅이는 모양새가 몰려오는 졸음에 겨운 듯하다. 분위기에 쏠려 어느새 낭만의 거리가 끝나가는 지점에 다다랐다. 길바닥의 미약한 존재가 어둠 곁에서 모처럼 휘황하다. '당신의 지금에 어제의 낭만이 닿기를.' 맞닿은 시선에 온몸이 반짝인다. 낮과는 딴판인 크리스털 못지않은 렌즈들이 집중포화를 퍼붓는다. 대낮은 조명들을 내리눌러 색을 지웠다. 짙은 어둠 중앙에서 전기가 들어와 투명한 조명의 속살을 드러낸다. 허공을 찌르는 필라멘트가 한때의 나를 발광한다.

달갑지 않은 여름방학이 다가왔다. 한동안 소원할 책을 도서관에서 더 열심히 읽었다. 이해할 수 없는 책이라도 끝까지 완주했다. 사방이 캄캄한 나의 세계에서 그나마 숨구멍이 트이는 책이 큰 병원에서 찾은 누구 같았다. 그 모습이 누군가에게 닿아 대견하게 포착됐나 보다. 나의 세계에 등불을 켜준다. 학교 대표로 학생도서관에 매일 아침 출근하게 되었다. 오전 내내 책을 읽고 나누어 주는 간편 점심을 먹었다. 하나둘씩 독후감을 발표한 후 귀가했다. 담임 선생님의 재추천으

마음의 색이 말을 걸 때

로 겨울방학에도 참여할 수 있었다. 방학 때면 으레 하루나 이틀은 있는 학급 소집일에도 나는 도서관에서 책을 읽는 특혜를 누렸다. 오롯이 담임 선생님의 배려 덕분이다.

어둠은 빛 한 줄기에 쉽게 물러난다. 그 이끌림으로 나는 고립된 세계에서 밖으로 나아갈 수 있었다. 어둠에서 가장 어려운 배역은 그늘인 것만 같다. 밝음에 쉽게 끌릴 수 없는 끈적한 그림자를 품고 있기 때문이다. 손전등을 들고 머리를 기울여 낮은 자세로 비추어야만 그 끈끈이를 떼 낼 수가 있다. 내가 깊은 그늘에 짓눌려 있을 때 전등은 스스로를 부수어 날 비추었다. 도서관의 형광등은 사방으로 흩어져 바스러진 입자로 내 등을 부드럽게 어루만졌다. 어린 내가 좌절하지 않게. 웅크리지 않게. 눈물겹지 않게. 멈추지 않고 오래 참을 수 있게.

저녁의 중심으로 모여든 어둠의 한구석에 연인이 꼭 붙어 앉아 있다. 오수의 입꼬리가 흘린 낭만이 조명 옆 의자에 잔뜩 고여 있다. 어둠과 빛의 대치가 팽팽하다. 어둠 속에서 빛의 내공이 드러난다. 반짝반짝 빛날 내일을 넌지시 응원하고 있다.

내일을 꿈꾸는 그늘의 창 안쪽에서는 안구를 좌우로 굴리느라 분주하다. 페이지를 넘기는 손가락이 피아노 건반을 두드리듯 경쾌하다. 사락거리는 종이는 은하수에 흐르는 헤라의 젖이 아까워 밤을 한 쪽씩 아껴 먹는다. 밤이 흔쾌히 물러나기엔 하늘 위에서 빛 내리는 어린 별이 더없이 총총하다.

『무심수필』2024년

4부

느리지만 자라는
연두

어린 마음이 자란다.
풀잎이 속삭이고
눈부신 처음이 우리를 깨운다.
아직도 어제 같은데
내일을 향해 기울어 가는 연두,
서툰 마음의 봄은
첫사랑을 닮았다.

숲, 날 들이다

간밤의 일기예보가 불청객 소식을 전한다. 설렘이 묻은 우산을 들고 나섰다. 새벽까지 뜬눈으로 보낸 뿌연 하늘이 내리덮은 시야가 눅진하다. 들뜬 마음을 차분히 가라앉히라 일러주는 듯하다.

약속 시간보다 일찍 당도했으나 발 빠른 선생님들이 이미 와 있다. 떨어지는 빗방울이 여행으로 설레는 마음의 농도에 고개를 떨군다. 버스에 화사한 계절이 가득하다. 늘 잔잔한 물처럼 느껴지는 S 선생님의 떡에는 푸른 숲을 넣었다. 연두색 녹두가 씹히는 맛이 일품이다.

우아한 G 선생님의 차분한 안내로 편안히 한택식물원에 도착했다. 추적추적 비가 내린다. 마음에 묵은 앙금이 있다면 모두 씻어내라는 것일까. 식물원 입구에서 물비늘이 의심되는 냄새가 올라온다. 평소 냄새에 민감한 편은 아닌데. 하늘의 날개가 떨군 빗물과 흙의 접촉이 제법 생생하게 콧속으로 스며든다. 세상의 때를 모조리 헹구는 식물들이 온몸을 떨어내고 있다. 갓 세수한 말간 얼굴로 나무들이 우릴 맞이한다. 선명한 제 본연의 색을 뽐내는 튤립과 노란 수선화가 식전주를 제공하듯 사뭇 경쾌하다. 완연한 봄을 온몸에 바른 자연이 겨우내 움츠렸던 마음의 우산 살을 편다.

물기가 내려앉아 자연을 추켜세운다. 저 높은 곳에서 내려온 눈물이 흙에서 태어난 생물들의 불순물을 모두 지워낸다. 누구를 띄우기 위해 자신을 낮추는 미덕은 쉽지 않다. 저마다 자신의 공적을 내세워 조금이라도 뜨고 싶어 한다. 때로는 스스로 뜰 수 없는 얕은 힘에 굴복하지 않고 타인의 공적을 가로채기도 하지 않던가. 이렇게 자연은 말없이 보여준다.

양쪽에 늘어선 금낭화가 초록해지는 눈동자를 낚시하고 있다. 요정을 닮은 꽃들이 찌로 낚싯대에 매달려 있다. 멀리서 보면 커다란 분홍 방울을 흔드는 듯하다. 오, 하얀 금낭화가 우리의 시선을 낚아 올렸다. 분홍을

젖힌 하얀 금낭화는 절 발견한 기쁨에 취하라 잠시 시간을 꼭 붙잡고 있다. 요정 위에 짙은 무언가 보인다. 마치 코브라 같다. 죽은 나무가 꺾이고 남은, 내 팔만 한 외양이 제법 매섭다. 금낭화를 잘못 건드리기라도 한다면 당장이라도 머리를 들이박을 것 같은 천연물은 천진무구한 꽃들을 지키고 있다. 우리 둘을 호위하는 S 선생님만 같다. 뒤처진 우리가 혹시나 길을 잘못 들기라도 할까. 묵묵히 뒤에서 받친, 유독 키가 큰 우산이 든든하다. 잠시 묶인 우리의 시선이 참새떼의 비상에 이내 발길을 재촉한다.

이름 모를 식물도 이름이 있다. 수필로 하나 된 우리는 이 숲과 연이 닿았다. 식물을 꽤 꿰고 있는 해설사의 설명은 예상보다 짧았다. 서운하진 않았다. 우리에겐 그에 못지않은 지식 전달자가 있다. 해설의 뒤가 궁금한 사약의 재료인 천남성의 부연을 마저 들을 수 있었다. 사약의 사는 죽을 사가 아닌 임금이 내린다고 하여 줄 사라 한다. 사약은 뿌리로 만든다. 죽음을 부르는 재수 없는 식물쯤이야 까짓 뽑으면 된다고 의기양양할 수가 없다. 우리의 뿌리는 같은 흙이 아닌가. 외풍에 쉽게 뽑힌다면 깊고 넓게 뿌리내리지 못했다는 증거가 아니겠는가. 바람에 잠시 흔들릴지라도 굳건히 지키는 천남성이 자궁경부암 환자 치료에 유의미한 효과를 거둔다고 한다. 사람을 살리기도 죽이기도 하는 식물이라니. 거대한 자연의 품에서 삶의 해답을 구하고자 숲을 찾는 건지도 모르겠다.

자연은 언제나 평정을 유지한다. 그 동심원 안에서 호모 사피엔스라며 기고만장한 시류에 휩쓸리곤 했다. 나라고 예외는 아니었다. 뿌리로 넓고 깊게 지탱하지도 못하면서 웃자란 아이의 가지를 흔들지 않았는지 떳떳할 수가 없다. 전나무 위에 잠시 머문 구름이 먹먹한 날 가린다. 흙을 점령한 도시의 무미건조한 밤이면 긁적거리느라 단잠에서 튕겨 나온 아이가 뒤척였다. 임시방편으로 연고를 발라주곤 했다. 살이 접히는 부위에 딱지가 내려앉다가 제때 아물지 못하고 피가 맺혔다. 여름방학이라 신이 난 아이는 시댁인 자연에서 작대기 하나 들고 모글리처럼 뛰어다녔다. 흙과 뒹굴고 나무와 숨바꼭질하면서 깊은 잠에 빠졌다. 방학이 끝나갈 즈음 아이의 피부는 그을린 도자기처럼 윤나고 매끄러웠다.

자연에 동화되는 동안 숲이 곱게 나를 물들였다. 간

밤 잠을 놓쳐 핏발 선 눈이 시원하다. 녹음이 지압하고 화사한 꽃물로 씻긴다. 함께한 시공간이 마음 밭에 수 놓은 자수에 미소가 배어난다. 물줄기가 앙금을 떠안고 씩씩하게 내려간다. 낮은 자세로 자연을 추앙하여 날 깨운 소명을 완수했나. 뿌옇던 하늘의 동공이 선뜻하다. 우리 수필의 앞날을 축복하듯.

『수필미학』 2024년 가을호

육지의
돌고래들

가만히 회상해 보면, 어릴 적 나는 염세의 언저리를 서성이는 아이였다. 또래들이 소소한 일에 웃음을 터뜨릴 때, 삶의 본질과 탄생의 흐름에 대한 고찰로 종종 혼돈에 빠지곤 했다. 밤이면 환상의 나래를 펼쳤지만, 그 꿈은 일쑤 흐지부지 끝나버렸다. 호기심의 그림자가 불쑥 드리울 땐 저항하려 애쓰면서도 미숙했던 나는 그 속에서 오래 잠겨 있었다. 현실의 굴레를 벗어던지고 싶은 조용한 몸부림이 내면을 어지럽혔던 시절을 사람들은 알아채지 못했다. 그저 말이 없고 수줍은 소녀로만 여겼을 뿐.

글은 보이지 않는 마음을 긁어 은연중에 내면을 들뜨

마음의 색이 말을 걸 때

게 한다. 어느 날, 담임 선생님의 심부름으로 교무실에 들어갔다가 음악 선생님에게 붙잡힌 기억이 떠오른다. 나를 옆에 앉힌 선생님은 두 손을 꼭 잡고 왜 그렇게 삶을 진지하게 사느냐고 물었다. "십 대는 십 대답게, 소녀는 소녀답게 어리광도 부리고 까탈스럽게 살아." 라고 하셨다. 뜬금없는 직언에 당황했지만, 순순히 그러겠다고 대답했다. 선생님이 내 글을 읽었던 거였다. 등을 부드럽게 쓸어내리며 내 눈을 들여다보는 눈꼬리가 고양이처럼 자유분방하게 다가왔다.

기운이나 힘이 셀수록 삶에는 강한 추진력이 생긴다. '맥'은 사물이나 존재가 서로 이어진 관계와 연관이 있다. 물은 수맥으로, 산은 산맥으로, 인간은 인맥으로 관계망을 확장한다. 요즘 사람들은 밴드, 인스타그램, 유튜브, X, 페이스북 같은 디지털 플랫폼을 활용해 영향력을 확장하고 또 과시하기도 한다. 디지털은 없던 시절, 내게는 아날로그 맥이 있었다.

긴 머리가 등 뒤에서 구불거리고, 붉은 입술과 원색의 의상으로 눈에 띄던 음악 선생님은 세련되고 여성스러운 이름을 가졌다. 음악 선생님이라기보다 패션모델이 더 어울렸다. 선생님은 매년 전교생을 대상으로 반별 합창대회를 열었다. 열정적인 격려와 포상으로 무대는 열기로 터질 것 같았다. 합창 연습에 몰두하며, 나는 음악에 소질이 뛰어난 또래가 많다는 사실에 적잖이 충격을 받았다.

영향력은 때로 휘몰아치기도 하지만, 천천히 부피를 키우기도 한다. 지휘를 맡은 반장인 M은 합창을 이끌었고, 반주자인 K는 당시 월광 소나타를 연주할 수 있었다. 내 짝인 S는 12년 후 비올리스트로 이름이 올랐다. 당시 나는 피아노 실물을 본 적도 없었다. 표지 두 장을 이어 붙여 흑백 건반을 그리고 연습하던 애였다. 그들로부터 받은 문화적 자극은 섬광처럼 눈부셨다. 피아노 음악에 매료되고, 영화 오리지널 사운드 트랙에 끌렸다. 저들이 풍기는 향기에 매혹된 시골 소녀가 음악 예술의 파장에 오래 흔들렸다는 것을, 그들은 짐작이나 했을까.

어떤 동물은 자신과 직접적인 관계가 없는 다른 종을 돕는다. 바다에서 길을 잃고 해변으로 밀려온 고래를 돌고래가 이끌어 다시 바다로 돌려보낸다. 물에 빠진 사람이 상어의 공격을 받을 때도 돌고래가 구했다는 사례가 있다. 심지어 괴팍하다고 알려진 하마조차 얼룩말이나 누의 새끼들이 강을 건널 수 있도록 강둑으로 밀어 올려준다. 이타심은 인간만의 특성이라 여겼지만, 동물도 감정을 느끼고 행동으로 옮긴다는 증거이다.

첫 시집을 낸 후, 감사한 일들이 줄을 이었다. 가까운 사람들에게만 알렸을 뿐이다. 쑥스러운 마음을 다잡고 시문학 선생님들께 시집을 드리러 간 날은 하필 장날이었다. 유명한 시인이 특강 차 왔다. 낯부끄러워서 시집이 든 가방을 열어보지도 못했다. 나는 운과는 거리가 멀었다. 돌아가며 다 받는 참가 이벤트도 내 순서에서 튀어 나갔다. 로또 한 장 사지 않고, 사행심에 눈 돌리지 않은 이유이기도 하다. 뜻밖에도 많은 이들이 시집을 알리고, 구매하고, 도서관에 비치해 주었다. 모교에서는 지도 교수님이 수업 중 학생들에게 시집에 수록된 시를 낭독하게 하고, 모르는 독자가 시집을 필사했다는 인증을 안부 글로 남기기도 했다.

창공을 날아가는 찬란한 새들을 본 적 있다. 화려한 깃털과 비상하는 날개를 부러운 눈으로 바라보았다. 그 날갯짓이 화려하기까지 얼마나 많은 부딪힘과 눈물이 있었을지 상상하지 못했다. 나도 날고 싶다고만 생각했지, 실천은 생각 끝이 아니라 손과 발의 지문이 닳도록 움직여야 한다는 걸 몰랐다. 공부할수록, 읽을수록, 쓸수록 글쓰기는 어려운 길임을 체감한다. 그 여정을 지치지 말고 즐기라는 고마운 인연들이 용기를 불어넣어 준다.

바다에만 있는 줄 알았던 돌고래들이 육지에서도 긍정의 물보라를 일으켜 영향력을 발휘하고 있다. 또 어디선가 부름을 받은 듯 파도를 밀고 있는 풍경을 볼 수 있다. 디지털은 조용해도 이를 알고 있다.

『울산광역매일』 2024년 3월

내면 아이를 비추는
거울

아직껏 아이는 귀가 전이다. 어느새 초등 고학년 선배가 된 원을 꽃샘추위가 한창인 주말에 만났다. 마침, 한가해 풍광 좋은 카페에 데려가는 길이다. 차 안에서 슬며시 내민, 손에 들린 것은 하얀 종이다. 이게 뭘까? 사랑의 편지인가. 햇빛을 받지 않은 듯 창백한 고사리 손으로 건넨 A4 용지 한 장이 이모의 떨리는 가슴을 천천히 다독거렸다. 오, 요런.

우리 원이 회장 선거에 도전하는구나. 꼬물꼬물하던 아이가 언제 이렇게 자라서 선거에도 나가는지, 참으로 대견하다. 조카는 또래 아이답지 않게 말수가 적은 편이라 조심스럽게 다가가야 했던 아이였다. 조용히,

혼자 해내는 아이가 바로 조카이다. 한때는 혹시 말을 잘 못하는 건 아닌지 외할머니의 간담을 서늘하게 하기도 했다. 보통 아이란 참새처럼 재잘대며 호기심 가득한 질문을 던지곤 한다. 질문이 어찌나 긴지 대답하다가 나가떨어졌다는 에피소드가 흔하다. 조카는 사뭇 달랐다.

들춰 보면 조카는 사려가 깊은 아이다. 나이답지 않게 자기만의 철학이 있고, 엄마 아빠에게는 재간둥이이며 사랑의 오작교 역할도 톡톡히 한다고 들었다. 다만, 낯가림이 심한 편이다. 음전하다는 말이 어울리는 아이다. 한때 큰 슬픔을 두 번 겪었던 전력이 있어 세상을 깊이 들여다보는 눈을 가졌지만, 구김살 없이 악기 연주와 그림에 몰두하는 모습에 가슴을 쓸어내린다.

예고도 없던 작년, 아이는 회장 선거에 도전했다. 당당하게 첫 선거유세에서 친구들의 많은 표심을 받아 회장에 당선되는 기염을 토했다. 올해는 과연 또 도전할까 싶었다. 주위들은 바로는 회장은 수학 도우미, 체육 도우미, 환경 도우미 등 자질구레하고도 솔선수범하는 일이 많다고 한다. 그런 경험을 바탕으로 올해도 친구들에게 공약을 내건 것을 보니 봉사 정신과 도전

정신이 투철한 아이임이 분명하다. 대견한 마음에 작은 뒤통수를 눈빛으로 쓰다듬어 주었다.

활짝 펼친 종이 위에는 또박또박 정갈하게 쓴 글씨가 동글동글하니 예쁘다. 회장 선거에서 발표하려고 스스로 작성한 공약이다.

'저는 일찍 등교하여 교실을 정돈하고, 뒷정리로 깨끗한 교실을 만들겠습니다. 친구들의 이야기를 잘 들어주어 모두가 어울리는 학급이 되도록 징검다리가 되겠습니다. 저를 선택해 주기 바랍니다. 후회하지 않게 할 자신이 있습니다.'

기발하거나 그 또래가 주목할 만한 공약은 아니지만, 작년에 실천했던 것처럼 학급의 자잘한 일들을 도맡아 하겠다는 다짐이 고스란히 묻어났다. 문구가 괜찮은지 내 표정을 살핀다. 나는 엄지를 높이 들어 올렸다. 회장 선거가 인기투표는 아니니까, 원처럼 진솔한 마음이야말로 학급을 이끄는 자질이라는 믿음을 담아 응원했다.

사실은 조카가 평소 자주 연주하는 바이올린을 떠올리며 '학급을 울리는 감미로운 바이올린의 선율처럼' 같은 거창한 문구를 제안할까를 잠시 고민했다. 그러나 속으로 꾹 삼켰다. 아이의 진심과 소신으로 직접 해내는 것이 조카에게 더 큰 자양분이 되리라 믿었기 때문이다. 어른의 잣대로 훈수를 두기보다 스스로 다져온 내면의 힘을 밀어주고자 했다.

결과가 궁금하던 차에 기다리던 카톡 알람이 도착했다. '사랑해'라는 알림이 조카의 속마음인 것을 나는 안다. 두근두근, 작은 북소리가 가슴에서 울린다. 내가 선거유세에 나선 것도 아닌데, 이리 가슴이 콩닥콩닥 뛴다. 하이햇 심벌즈처럼 심장을 동, 동, 두드린다. 어디 보자. 어?

'이모, 아쉽지만 두 표 차이로 회장에서 미끄러졌어요. 부회장은 되고 싶지 않다고 말했어요. 이 학기에 회장 선거에 다시 도전할 거예요. 응원해 주셔서 감사합니다.'

'그래, 원이야. 후보자로 나선 것만 해도 너는 이미 승리한 거란다. 깨끗이 승복할 줄도 알고. 부회장을 거절하는 의지도 표현하고. 이 학기에도 이모가 주먹을 불끈 쥐고 응원할게. 잘했어!'

한 번도 실패하지 않고 도전하는 족족 정상에 오른 자가 있을까? 있다는 그에겐 좌절의 경험이 없다. 그 쓴 경험을 발판 삼아 다시 일어선 자만이 영광의 참맛을 음미할 수 있다. 실패의 늪에 빠졌던 자가 성공을 이룬 향은 더욱 진한 법이다. 오죽하면 실패를 성공의 어머니라 했을까. 어리다고만 생각했던 원은 낙선 이후에도 평정심을 유지했다. 상심하지 않았다. 오뚝이처럼 벌떡 일어나 다음을 노리는 아이로 한 뼘 자라났다.

아이는 어른이 가진 내면 아이의 거울이다. 최근에 실패를 겪은 나는 한동안 두 손을 놓고 있었다. 어른이지만 주저앉은 내가 오히려 조카에게 응원받을 처지인지도 모르겠다. 빛나는 흑요석 같은 아이의 눈동자에 나의 내면 아이가 비칠까 봐, 순간 눈꺼풀로 나를 덮었다. 실패를 방패 삼아 곧 2차전을 준비해야겠다. 다음은 언제나 준비된 자에게 찾아오는 손님이다. 눈에 보이지 않는 작은 성장을 통해 내면을 비추는 거울 앞에 섰다. 부끄럽지 않을 오늘을 위해 속눈썹을 들어 올린다.

『울산광역매일』 2024년 11월

직지가 쏘아 올린
불꽃 아래

　어쩌면 노란색은 겨우내 고였던 눈물샘의 결정체일
지도 모른다. 막힌 샘이 쪼르르 뚫렸다. 물을 길어 올
려볼까. 따스한 동행이 있으니 멀다 싶던 거리가 짧아
졌다.

　갓 태어난 계절을 희롱하는 꽃샘추위가 봄의 어깨를
슬쩍 밀치는 춘삼월이었다. 빼앗긴 이태의 가슴에도
봄은 왔다. 여린 빛이 살몃살몃 들여다보는 아침에 우
리는 길을 나섰다. 몇 겹 추위가 접은, 잔뜩 구겨진 어
깨가 모처럼 기지개를 켠다. 계절에 둔감했던 가슴으
로 용감한 나비가 날아든다. 든든한 이팝나무 밑에서
빼꼼 얼굴을 내민 민들레꽃이 아기처럼 귀여워 입가에

미소를 자아낸다.

한 수를 읽어내기는커녕 한 치 앞을 볼 수 없는 날이었다. 막막한 현실에서 벗어나고파 상상의 나래를 힘껏 펼쳤다. 꿈은 언제나 뒷방 신세였다. 발등에 불 떨어진 오늘에 삐끗하면서도 변하지 않는 꿈이 내 몸 귀퉁이에 그래도 잘 숨어 있었나 보다. 삶과 죽음의 벼랑 끝에서 모처럼 한숨을 돌린 아침이다. 찻잔을 그러쥐고 회한에 젖은 우리는 이 시간을 마주 감싸안는다.

"꿈이 뭐였어?"

"난, 작가였어. 이상하게 한 번도 변하질 않네."

"학교 다닐 때 단상에서 곧잘 상 받지 않았어? 도전해 봐."

"한참 늦었는데, 되겠어?"

"왜 안 된다고 생각해? 될 수 있어. 오늘부터 당장 시작해 봐."

용기 내 가로수 작은 도서관을 찾았다. 18년째 시행 중인 청주시 1인 1책 펴내기 운동 배너가 마중 나와 있다. 설렘이 상기된 채 문을 열었다. 상상보다 넓은 내부에 수많은 책이 눈을 빛내고 있다. 나도 나만의 책을 만들 수 있을까. 생경한 기대 심리가 체온을 달군다.

중학교에서 주저앉은 꿈이 요동치기 시작했다.

오래 묵힌 장은 발효돼 감칠맛이 난다. 가슴속에서도 그럴 수 있다면. 오래 품었어도 꺼낼 수가 없는 나날이 이어졌다. 감성보다 냉철한 이성을 깨워 숫자에 민감한 삶에 익숙해졌다. 일상의 트랙에서 꿈은 사치였다. 시를 적고 낙엽을 밟으며 구르몽의 시를 노래하던 단발머리는 사라졌다. 그런 나를 직지 아카데미가 손을 잡아당겼다. 42행 성서로 유럽인의 자존심인 구텐베르크의 금속활자보다 78년이나 앞선 백운화상초록불조직지심체요절이 쏘아 올린 불꽃이 나를 비추기 시작했다.

평생 친구의 격려와 응원에 힘을 받아 공모전에 도전장을 내밀었다. 직지 상권이 오래 방치돼 녹슨 꿈을 꺼내라 했다. 실패해도 괜찮아. 천천히 한번 가 보자며 비우고, 잊고 있었는데 전화가 왔다. 그토록 바라던 시인의 꿈이 이루어진 순간이었다.

1인 1책 펴내기 K 지도 강사님이 등단한 문인은 지원할 수 없다며 대학교 평생교육원 수필 창작 교실로 안내했다. 모교인 대학원 캠퍼스에 다시 들어서자, 감정이 널뛰었다. 그때도 맞고 지금도 맞다. 퇴근 후 핏발 선 눈으로 공부했던 밤도, 맑은 눈으로 수필을 노래

하는 아침도. 직지의 불은 이곳에서도 타올랐다.

어둠이 드리워진 밤하늘에 빛나는 것은 달과 별뿐만이 아니었다. 자세히 보면 문명의 불꽃이 빛나고 있다. 밀랍에 황토를 발라 만든 주형을 구워 녹이고, 쇳물을 부어 만든 활자를 한 자 한 자를 떼어내 손질해 조판 작업하면, 단 권이 아닌 불심이 가득한 수천 권의 책을 만들어 낼 수 있었다. 우리의 빛나는 기술은 세계기록유산이 되었다. 그 영향력에 힘입어 충북문화재단의 지원을 받은 책을 출간할 수 있었다. 칠흑 같은 어둠이 몰려와도 위대한 불꽃 아래 서면 작은 희망이 피어난다.

기록이 키워드로 뜨겁게 타고 있다. 요즘 서점가에서는 기록이 단연 화두이다. 불붙인 시발점을 거슬러 올라가면 정상에서 만나게 되는 직지이다. 청주에서 실시한 지속 가능한 기록 문화도시 포럼 및 국제 워크숍, 100인 원탁회의에 에디터로 참여했다. 영국의 헤리티지 재단을 비롯한 여러 나라의 관계자가 기록 문화유산을 보유한 선각으로 청주를 앞다투어 찾는다. 관심이 가는 만큼 보이는 것이 있다. 직지에 시선을 집중하면 흥덕사가 보이고 고인쇄 박물관이 한눈에 들어온다.

청주시의 1인 1책 펴내기 운동은 고귀한 역사이다.

그 발자취의 변방에 있고 싶지 않았다. 부족하나마 미약한 열정을 땔감으로 태우고 싶었다. 직지의 불꽃 수혜자인 나는, 마침 저서가 생겨 자격조건을 충족했다. 실력이 출중한 선배들이 포진돼 있지만 도전하고 싶었다. 그 결과에 승복하고 싶다. 간절한 염원이 통한 걸까. 서류전형이 통과된 후 실시한 면접에서 긴장했던 순간이 떠오른다.

꿈을 오랫동안 그리는 사람은 꿈에 가까이 가닿는다. 깊숙한 심연 속에 꿈을 박제한 채 생활에 충실한 나를 무심천은 엄마처럼 낳고, 드넓은 품으로 우암산이 아빠처럼 안아주며 줄곧 돌봐주고 여전히 품어준다.

창공에 높이 오른 직지의 불꽃으로 삶의 뒤안길에 묻힐 뻔한 꿈과 이야기를 청주 시민들이 세상에 내놓고 있다. 글을 합평하는 저녁은 언제나 불씨인 활자들로 후끈하다. 수요일 밤이면 시민들이 낭독하는 소리에 달빛도 귀 기울인다.

「청주와 직지」 2024년

　　　　　　　　　마음의 색이 말을 걸 때

카멜레온 옷장

 겉모습만으로 사람을 평가하면 안 된다고 배웠다. 윤리와 도덕은 그렇게 가르쳤으나, 사실 그 과목을 가르치는 선생님은 멋쟁이라 눈에 자주 들어왔다. 한때 무대 위 배우처럼 다른 인물을 입는 선생님을 부럽게 바라보았다.

 과도기적인 시대를 산 나는 중학교 때 한시적으로 교복을 입었다. 희미한 어린 시절 명절만큼은 엄마가 꼭 새 옷을 사 주셨다. 그러나 예견된 공시인, 한 해를 위한 새 교복이 가정경제상 부담이었나 보다. 몸담은 회사의 직원을 수소문하여 졸업생의 교복을 얻어오셨다. 깨끗하게 세탁하고 다려 옷걸이에 걸었다. 아무리 깔끔하고 바지런한 엄마일지라도 3년생 교복을 갓 나온 것으로 만드는 것은 불가능에 가깝다. 딱히 바라는 것이 없는, 아니 감히 바랄 수 없던 나는 군말 없이 입고서 등교했다. 그마저도 감지덕지했다. 햇살을 머금은 친구들의 교복 깃은 마치 한겨울 눈처럼 눈이 부시다. 내 것은 빛나진 않아도 신들린 엄마 솜씨로 3년 입은 것 같지 않다. 1년 만에 그 교복을 벗어 던졌고, 고등학교 졸업할 때까지 내내 사복을 입었다.

번화가 한가운데 위치한 직장은 온통 주위가 돈이란 돈을 죄다 흡입하려고 혈안이 된 곳이다. 출입문만 나서면 레스토랑, 맞은편엔 유명 브랜드 상가들이 즐비한 곳이다. 기특하게도 직장은 몸에 딱 맞는 유니폼을 때맞춰 공급해 주었다. 퇴근 후에는 그다지 내키지 않아도 동료들의 쇼핑을 따라다닌다. 그녀들은 이쁜 옷을 자주 샀다. 곁에서 어울리는지 봐주기만 하는 내게도 입어보라며 구매를 부추겼다. 지갑은 접착제라도 바른 듯 바짝 붙은 채 입을 벌리지 않았다. 그녀들이 열 번을 사면 나는 한 번을 살까 말까였다. 사실 직장인이 되고 나서 통장 관리를 전적으로 엄마가 했다. 용돈만 받아 생활했다. 유니폼이 있어 딱히 구매 욕구가

마음의 색이 말을 걸 때

생기지 않았다. 하의 몇 벌에 싼 상의를 번갈아 입을 뿐이다. 가끔은 새 옷으로 기분 전환하기도 했다.

결혼 후 지금의 아파트에 입주했다. 후문 쪽으로 상가가 밀집되어 있다. 학원가와 학교 등 하교 시에 통과할 수밖에 없는 길목에 옷 가게와 먹거리 가게가 떡하니 버티고 있다. 이곳 점주인 언니와 친분을 맺고 강산이 변했다. 언니는 사연 있는 옷을 주기 시작했다. 눈길 한 번 받은 적 없고, 마음에 안 든다고 거부당하고, 변심으로 외면당한 것들이다. 체중 변화가 거의 없는 내게 맞을 거라면서 가끔은 새것을 주기도 한다. 내 취향은 거의 묻지 않은 옷이 옷장에 하나씩 자리 잡기 시작했다. 더불어 따라오는 부록이 있다. 언니의 친구는 쇼핑이 취미이다. 그녀에게서 기껍게 내게로 온 것이 나만을 바라본다. 언제 햇빛을 보려나 눈에 핏물이 잠기도록 깜박임이 없다. 족두리도 풀지 못하거나, 하룻밤 겪었다고 외면당하거나, 싫증 났다고 주인에게 상처받은 것들이다.

없는 살림에 명품에는 눈을 돌리지 않았다. 소유하고 있는 명품 가방은 남편, 동생, 올케가 사 준 것이다. 구두는 또 어떤가. 발이 명품을 거부한다. 새 구두만 신으면 어김없이 뒤꿈치가 까져야 한다. 신기 전에 양초로 문지르고, 밴드를 붙이고 신어 봐도 별수 없다. 하이힐은 인생에서 손을 꼽을 정도로만 신어 보았다.

그런 나도 눈 돌아가는 게 있다. 그것은 액세서리다. 비싼 것이 아닌 목걸이와 귀걸이를 좋아한다. 옷의 색에 맞춰 착용하는 것을 선호한다. 언니들이 준 옷에 액세서리가 협업하면 효과는 대만족이다. 취향과는 무관했던 옷들이 취향으로 거듭난다. 언니들은 옷에 날개가 달렸다며 기뻐한다. 나 같은 사람을 본 적이 없다고 한다. 주는 자신들이 좋은 걸 못 줘서 미안하다고 한다. 참 별말씀을 다 한다. 쇼핑에 허송세월 보내지 않고 그 시간에 다른 것을 할 수 있음에 감사하다.

어디 그뿐이랴. 백화점 마네킹처럼 사람들은 내게서 다양한 캐릭터를 만난다. 이런 스타일도 입느냐며 의외라는 관심까지 덤으로 받는다. 어떤 이는 시선을 받고자 기를 써도 뜻대로 되지 않는데 용하다. 동료들은 나의 옷장에 관심 폭발이다. 수납 규모에 대한 호기심이 충만하다. 천만의 말씀이다. 2년 동안 한 번도 입지 않는 옷들은 수거함으로 보낸다.

시간의 발자국이 꽤 길어졌어도 언니들은 여전히 나

의 옷을 책임지고 있다. 한 분은 타지로 이동했음에도 택배로 변치 않는 마음을 배달한다. 사람들은 내게 '패셔니스타'란 태그를 걸어준다. 겨울 겉옷은 특별히 빛을 발한다. 무스탕부터 가죽, 밍크 상의까지 입고 출근하면 동료들은 경탄한다. 참신하다며 가격을 묻곤 하지만 모른다 나는. 가격표는 붙어오지 않은 채로 오기 때문에 본 적이 없다.

가난했던 어린 시절, 교복마저 입던 것을 착용했던 소녀가 성장해 변신하는 옷장을 소유하고 있다. 배역에 감을 전혀 잡지 못할 때 분장한 찰리 채플린은 대본 안의 완전한 인물로 태어났다. 이웃의 옷으로 나는 재탄생한다. 패션은 복장에만 있는 기록이 아니라 살아가는 방식 그 자체이자 새롭게 일어나는 창작이다. 이제는 동생도, 수필가도 멀쩡한 새 옷을 준다. 나는 기껍게 받는다. 예상을 뒤엎는 요소를 갖추었을 때 패션은 성공한 거다. 옷의 진정한 목적은 겉모습을 치장하는 것이 아니라 나의 본질을 드러내는 데 있다.

나의 옷장에는 옷이 아닌 쇼핑 시간과 의복비와 맞먹는 몰입이 가득 걸려 있다. 인연의 묘리는 쇼핑이 아닌 관심 분야에 오롯이 집중하라 부추긴다. 그 덕택에 나를 장식하는 많은 자격증과 다양한 분야의 지식 창고라는 꾸밈말을 얻었다. 새로운 인격으로 거듭나게 하는 사시절 푸른 지원들이 있어 긴 겨울도 두렵지 않다.

마음의 색이 말을 걸 때

5월에 맛보는
청포도

　새벽을 몰아친 토요일 아침이 리무진 버스 창 중앙에서 엘이디 조명에 휘황하다. 들뜸으로 무장하고 오른, 버스엔 이미 회원들이 풀어놓은 연둣빛 동심원이 오늘의 일정을 수놓고 있었다.

　취향을 고려한 커피와 온수를 장착한 리무진 버스는 넉넉한 공간이 확보돼 편안하기 그지없었다. C 문학협회 회장님을 비롯한 사무국장님의 섬세한 배려가 시작 전부터 감지되었다. 계절의 여왕인 5월처럼 짙은 가방엔 물과 떡, 한입에 먹기 좋게 담긴 과일과 주전부리까지 회원들을 생각한 정성이 담뿍 들었다.

　리무진 버스는 행복 충전소이다. 마이크를 잡는 회원

마다 평소에 숨겨둔 예능의 발톱이 드러나 차창을 마구 할퀸다. 이 모습을 우리만 독점하는 게 못내 아깝다는 창 바깥을 향한 외침이다. 낭송이면 낭송, 노래면 노래 마이크를 가지고 노는 기술이 현란하다. 농부 시인이라 알고 있었는데, 고추 농사도 마이크처럼 가지고 논다면 한밑천 장만하는 것은 식은 죽 먹기보다 쉬울 것 같다.

노장은 죽지 않는다, 다만 사라질 뿐이라는 문구가 있다. C 문학협회의 노장이라고 표현하기는 섭섭하다. 어리다면 조금 어린 스스로가 부끄럽다. 에너지나 끼, 하물며 체력 면에서도 도저히 견줄 수가 없고, 따라잡을 수도 없는, 지치지 않는 아름다움인 에너자이저를 탐닉하는 재미에 시간 가는 줄 몰랐다. 입담의 블랙홀에서 빠져나오기란 여간 어렵지 않았다. 가는 내내 돌아오는 내내 방출한 전류로 버스 안에 스파크가 튀었기 때문이다. 버스 밖을 나갈 때가 오히려 고요해지는 이상한 하루였다.

먼저 도착한 하회마을은 어린 시절의 향수가 가슴 깊은 골짜기에 마중물을 받은 듯 돌아보는 동안 어린아이와 손잡고 걷는 기분이 들었다. 무채색의 기와와 흙

색의 담벼락을 무성한 나무와 강렬한 색의 꽃들이 어우렁더우렁 얼싸안고 있었다. 수묵화였던 마을이 5월의 축복 아래 자연의 본색과의 하모니로 마침내 수채화가 되었다. 도반인 우리 문학협회 회원들의 얼굴에 활짝 핀 미소처럼 하회마을도 계절이 뿌린 긍정을 가꾸고 있다.

우리 것이 가장 세계적인 것이다. 심신은 하나되 둘이 아니다. 육체에 정신이 함께 깃들어야 온전한 한 사람이다. 문학이란 뿌리를 둔 우리는 우리 것에서 벗어날 수 없음을 마을이 말해주는 듯하다. 기와집에 항아리가 어울리듯 전통에서 영감을 얻고 힘을 얻는 원천인 붓을 든다. 쓴다는 것은 고되지만, 쓰지 못하는 것보다는 덜 힘들게 느껴진다. 만송정 길목에서 오래된 나무가 망막에 포착되었다. 외피는 검버섯이 생겼고, 군데군데 벗겨져 시간의 상흔이 역력했다. 우듬지 끝은 이와 반대였다. 어찌나 녹음이 무성한지 그 생명력이 경이로웠다. 육체는 노쇠해도 말초신경은 살아남아 열심히 글을 써야 한다는 가르침을 주는 듯했다. 글은 손끝으로 쓸 수 있지만, 발끝으로도, 가슴으로도 써야 한다는 것이리라.

오늘이 마침 이육사 선생의 탄생 80주년이 되는 날이다. 이육사문학관에 앞서 선생의 선조인 퇴계 선생의 마지막 10년을 찾아 나섰다. 오늘을 기껍게 반기는 날씨와 함께 거슬러 올라 조선시대의 사립형 기숙학원인 도산서원으로 향했다. 낙동강 강바람이 치마폭을 스치는 유행가 가사가 떠오르는 풍경이다. 하늘의 빛과 구름의 그림자가 함께 감도는 천광운영대와 천연대를 양손에 떡 주무르듯 시사단이 쥐고 있는 것처럼 보였다. 나그네의 땀방울과 시름을 흩날리는 강바람이 과거와 마주 보게 만들었다.

> 그대 가니 이 봄을 누구와 더불어 노닐꼬
> 새 울고 꽃 떨어져 물만 홀로 흐르네.
> 이 아침 물가에서 그대를 보내노니
> 그리워 만나려면 물가로 다시 오라.

낙동강의 윤슬이 지나온 발자국을 살살 녹여내도 건너갈 수가 없었다. 물이 빠지면 물속에 잠들어 있던 잠수교가 모습을 드러낸다. 물 빠질 때마다 다시 찾아올 이유를 만들어 내는 시사단을 향하여 거대한 느티나무가 위용을 드러낸다. 언제든 승천할 채비를 마친 용처럼, 그 당당한 위세에 절로 압도당한다. 물을 좋아하는 두 그루의 느티나무가 오랫동안 서원을 좌청룡과 우백호처럼 지켜왔으리라.

시계가 없던 당시의 학교 종이 보인다. 교장실 맞은편 대문 코앞에 북이 매달려 있다. 20세 전후 젊은이들이 모여 수학했던 이곳 서원은 퇴계 선생이 친히 설계한 기숙사가 있다. 나라를 위하는 마음은 비단 전쟁터에 나가 싸우는 것만이 능사는 아닐 것이다. 후학을 양성한 이곳의 규칙과 공부에 전념할 수 있는 구조에 힘쓴 노고가 곳곳에서 드러난다. 함부로 술을 빚거나 마실 수 없으며 신분 차이로 체벌을 할 수 없었다. 단체 생활을 하는 기숙학원에 꼭 필요한 이것을 어길 시 북을 올리고 제재를 가했다.

대망의 이육사문학관이다. 리무진 버스에서 자문 위원장님은 미리 「절정」 시를 낭독하면서 마지막 시구인 '겨울은 강철로 된 무지갠가 보다'를 강조하셨다. 문학기행의 절정이자 마지막 장소이기도 한 이곳에서 선생의 동영상을 함께 시청했다. 독립운동가를 만나야 독립운동하고 책을 늘 곁에 두어야 책을 읽는다. 글을 쓰기 위해서는 문인을 만나야 한다.

비밀 결사대 활동한 선생은 가까운 친구에게도 이 사실을 비밀에 부쳐 측근도 선생의 사후에야 비로소 알게 되었다. 열일곱 번의 감옥 생활로 마흔이란 아까운 나이에 순국하기까지 불꽃 같은 생을 산 이육사 선생의 한 개의 별을 가지는 건 한 개의 지구를 갖는 것, 마지막까지 손에서 놓지 않은 시 「광야」의 시구에서 울컥했다. 동생의 손을 거쳐 세상에 나온 유고 시집은 영원한 베스트셀러로 불멸의 책이 되리라.

공손해진 바람 앞에 선 길목에 청포도가 보였다. 아직 포도라고 하기엔 작은 열매는 7월이면 무섭게 익어 갈 것이다. 우리는 7월보다 이른 5월에 만난 이 청포도를, 오감으로 굴리며 가슴으로 맛보았다. 빼앗겼던 계절의 하늘은 한 번도 뺏긴 적이 없는 것처럼, 무결한 파란 눈으로 우리를 굽어보고 있었다.

『청주시문학』 2024년

생명이 이어 자라는
교실

어제가 참 아련하다. 마치 오래된 흑백 사진 한 장처럼 손끝에 감겨온다. 달빛이 부드럽게 창을 어루만지던 수요일 저녁이었다. 지난주 결석했던 수강생 S 님이 교실 문을 열고 들어선다. 수업 시작보다 한참 이른 시간, 그 발걸음엔 설렘이 나릿나릿 실려 있었다. 가까이 다가와 인사를 나누는 순간에 포착한 그녀의 목소리에서 희미한 감기 기운이 감돌았다.

혹시나 하여 조심스레 말을 건넸다.

"감기 걸리셨어요? 혹시 모르니 항생제 복용은 신중히 하셨으면 좋겠어요."

그 말에 수줍은 미소를 짓는 그녀가 작은 고백을 건

넀다.

"네, 감기에 걸려서 지난주에 쉬었어요. 그런데 선생님, 어떻게 아셨어요? 저, 소식이 왔어요!"

숨이 멎는 듯했다. 왼 가슴에 얹은 손끝으로 벅찬 즐거움이 파도처럼 부딪혔다.

"와, 정말요? 축하해요! 저도 그랬거든요. 아기가 찾아왔을 때 몸이 아팠어요. 그나저나 그 임신 테스트기가 뛰어난 전령사였군요."

눈가에 고인 환희의 감정이 교실에 은은하게 퍼졌다.

"맞아요. 그날 밤에 아기가 찾아왔어요."

감히 감기 따위가 훼손할 수 없는 생명을 품은 목소리는 수업의 시작을 따뜻하게 물들였다. 들뜬 분위기 속에서 정각을 알리는 시계 알람이 울렸고 자연스럽게 수업을 시작했다. 지난주에 내어준 숙제를 발표하는 시간이 되었다. 텔레파시라도 통한 듯 생명에 대한 주제가 하나둘 올라왔다. 교실은 글쓰기의 공간을 넘어 따뜻한 기적의 순간을 맞이한 작은 성소가 되었다. 그 풍경은 자연스레 지난달 어느 수요일 밤을 소환했다.

창밖으로 별 하나가 먼저 나와 교실을 엿보던 밤이다. 오랜 기다림 끝에 기적을 품은 L 님이 가방에 넣어

온 임신 테스트기 하나를 꺼내 들었다. 동갑내기 아내와 오랜 세월 부부의 인연을 이어오며 애틋하게 기다렸던 생명이 다섯 해를 지나 그의 손에 닿은 거였다. 처음엔 옅은 분홍색이었을 두 줄을 박은 플라스틱이 별 하나를 심은 그의 손에서 하얗게 빛났다. 손 글씨로 정성을 다해 적은 날짜가 감동으로 다가왔다. 아들이 찾아온 그날의 기쁨이 A4 용지 위에 적힌 글보다 더 진한 이야기를 품고 있었다.

여전히 복받친 기쁨에 젖어 있는 얼굴의 그는 수강생들과 감동의 순간을 나누었다. 교실은 경건하게 숨을 고르며 한 생명이 탄생하는 찰나의 떨림을 받아 안았다. 분홍빛은 자주색으로 시간을 덧입었지만, 그날의 환희는 더 진해져 달빛처럼 잔잔히 스며든다. 창작의 터전인 공간이 '난임'이라는 이름으로 무너졌던 수많은 삶의 조각을 연둣빛이 흐르는 문장으로 어루만지기 시작했다. 고요한 마음들이 희망의 불씨를 되살리고 눈빛 하나하나가 은은하게 생명의 움이 트는 공간을 데웠다.

더는 플라스틱이 아닌 분홍의 꿈을 가져온 기운이 파도를 치며 밀려와 또 다른 이에게 전해졌다. 시험관 시술을 앞두고 있던 또 한 명의 수강생에게 기적처럼 생명이 날아든 것이다. 긴 고요 끝에 찾아온 작은 울림에 '엄마'라는 뜨거운 이름을 선물 받았다. 기쁨이, 희망이, 생명이 교차하는 순간이었다.

달빛 아래에서 글이 자라고 글자 사이에서 생명이 움트는 이 교실이 뭉클하다. 단어와 문장을 키우고 아기의 씨앗을 품는 이곳은 사랑과 인내, 기다림과 기쁨이 교차하는 희망의 성지가 되었다. 작가의 탄생과 아기의 첫 울음소리가 한 공간에서 함께 울려 퍼지는 이곳의 떨림은 한 가정의 기쁨에 그치지 않는다. 그것은 이 사회를 따스하게 적시는 물결로 번져간다.

난임의 고통은 결코 한 부부의 불운에 머물지 않는다. 그 아픔은 가정의 균열을 낳고, 나아가 사회와 국가의 미래를 위협하는 보이지 않는 그림자가 되기도 하지만, 우리 달방 교실에는 그 어둠을 뚫고 작고 따뜻한 빛이 들어왔다. 여기서 태어난 글들은 생명의 소중함을 보듬으며 삶이 얼마나 귀한 것인지를 조용히 속삭인다.

L 님의 미소가 모성의 태를 감싸안고 우리 사회에 새 생명의 옹알이를 퍼트리는 한 송이 꽃만 같다. 달빛 아

마음의 색이 말을 걸 때

래 피어난 이 특별한 에피소드가 창작의 열정과 생명의 신비가 어우러져 전례 없는 서사를 만들어 갔다. 우리는 함께 한 사람의 서사에서 파생된 사회의 희망을 한목소리로 적는다.

몸을 풀고 날씬해진 달이 제대로 된 창작물을 보고 싶어 도끼눈을 뜨고 있다. 생명과 문학이 손을 맞잡는 이 교실에서 생명의 도화선이 터지는 듯한 글들이 쏟아지길 기다리는 듯하다.

『울산광역매일』 2025년 7월

낱장불입

– 쓰고 나면 한 장도 되돌릴 수 없는

이른 저녁, 땅거미가 내려앉은 뒤임에도 매미의 목청은 우렁차다. 벨리 댄서가 엉덩이를 털고 난 여름의 잔해가 묻은 벚나무 가지가 내 눈을 찌른다. 시절의 여름을 꾹 눌러쓴 한 장의 종이처럼 시선을 뗄 수가 없다. 매미의 노래를 배경음악으로 깔고 누워 그해 여름을 들여다본다.

고향을 등지고 도시로 이사 나온 지 몇 년이 지나갔다. 우리는 여전히 전세를 전전하며 삶의 밀물과 썰물 속 어딘가를 헤매고 있었다. 가정경제에 무관심한 가장은 깊은 자기 부정의 늪에 빠져 있었고, 연약한 엄마는 홀로 1인 4역을 감당하면서도 구김살 없는 모습을 잃지 않았다. 배움은 써먹지 않으면 휴지 조각에 불과하다는 듯, 엄마는 삶을 회피하지 않고 온몸으로 부딪히는 불새였다.

전사 같은 실행력으로 우리는 독채인 집에 살게 되었다. 넓은 마당 중앙에는 태양이 불을 지핀 듯한 나리꽃이 피어 있었고, 그 옆에는 본채와 떨어져 퇴색한 작은 문이 보였다. 해우소가 어울리는, 군데군데 페인트칠이 벗겨진 녹색 문이 은근히 제 본색을 드러내며 서 있었다. 감성이 깃든 내 눈에는 그 문이 처음 가졌을 색이 오히려 더 또렷이 그려졌다.

방 두 칸에는 독립된 부엌이 딸려 있었고, 엄마는 생활비를 보태기 위해 한 지붕 아래 두 가족을 만들기로 했다. 그렇게 소영이네가 우리 집에 들어왔다. 소영은 오빠와 언니, 터울 큰 남동생을 둔 키 큰 또래였다. 우리는 말을 극도로 아끼는 공통점을 가졌다. 나는 묻는 말 외에는 입을 굳게 다물고, 혼자만의 세계에 둥둥 떠다녔다. 소영 역시 말수가 적어 그녀의 생각은 오리무중이었다. 같은 지붕 아래 살면서도 우리는 동떨어진 섬처럼 소통 없는 낯선 타자였다.

당시 두루마리 휴지가 있었는지, 있었다고 해도 우리

집에는 없었을지도 모른다. 대신 한지처럼 부드러운 종이나 신문지, 다 쓴 공책이 등장하곤 했다. 화장실 문틈으로 햇살이 엿보였다. 문 앞에 쪼그려 앉으면 오른팔이 닿는 곳에 기름통이었을 철로 된 통이 놓여 있었다. 그 속에 든 것이 사냥꾼인 내 먹잇감이었다.

어느 따사로운 일요일, 다른 가족이 교회에 간 사이 집은 절간처럼 고요했다. 해우소의 문을 닫은 나는 태평하게 앉았다. 사각 통에 있는 낯선 물건이 사냥꾼의 눈에 들어왔다. 절반의 살점을 남기고 찢겨나간 일기장이었다. 세로로 꺾어 쓴 나의 명조체 글씨와 달리, 돋움체로 반듯하게 쓴 소영의 글씨가 정갈했다. 호기심에 슬쩍 읽어 내려가던 나는 종이에 눈이 붙잡혀 미간을 모은 채 글자 하나하나에 영혼까지 기울이고 말았다. "일기란 이렇게 쓰는 것이다." 뭣도 모르는 내 눈에 그 글은 중학교 이 학년답지 않았다. 일상에서 건져 올린 사유와 독특한 관찰이 담긴 빼어난 문장이었다. 다른 날짜의 일기도 궁금해서 계속 넘겼다. 사적인 글임에도 감탄이 터졌다. 그처럼 잘 쓴 일기는 처음이었다.

"똑, 똑." 이웃이 돌아왔다. 후다닥 정리하고 나왔지만, 몇 장 남은 일기장을 끝까지 읽지 못한 아쉬움이

남았다. 소영의 뒷모습에 후광이 어른거리는 듯한 착
각이 일었다. 그 순간부터 나는 그녀를 뒤좇았다. 탄광
에서 진주 같은 글을 캐내려는 광부의 시선이었다.

소영네 가족은 늘 활기찼다. 사업을 하는 아버지는
새벽에 나가 밤늦게 귀가하면서도 늘 품에 먹거리가
들려 있었다. 방 한 칸에서 대식구가 뿜어내는 위트와
농담, 튀밥처럼 펑펑 터지는 웃음소리는 격자 미닫이
문 너머로 생생히 들려왔다. 어미 닭처럼 새끼 넷을 품
는 어머니와 북풍한설을 막는 황제펭귄 같은 아버지의
모습은 흐뭇함을 넘어 탐나는 저녁 풍경이었다.

땅거미가 지면 내 가슴은 불안으로 가빠졌다. 존 윌
리엄스의 「죠스」 음악처럼 불안이 다가왔다. 밤은 낮의
소란을 잠재우는 안식의 시간이 아니었다. 한 지붕 아
래 다른 창문 사이로 비치는 따스한 불빛을 보며 나는
유독 변두리에 나부끼는 녹색 새마을 운동 깃발처럼
오들오들 떨었다. 이불을 덮고 어두운 잠을 청하는 시
간이 슬펐다. 이어질 아침이 마냥 반갑지 않았다.

1년 만에 가세가 펴 남쪽으로 떠난 소영이네 단란한
저녁들이 아련하게 지나간다. 그녀는 지금 어디서 무
얼 하고 있을까. 혹시 글 쓰는 일을 하고 있을까. 그녀

의 일기로 나는 다른 차원의 언어 세계를 꿈꾸며 등 뒤에 글의 날개를 펴보려고 한동안 몸부림쳤다. 그 가족이 떠나는 모습을 보며 내게도 있을지 모를 재능을 찾아 헤맨 어린 나를 다시 만난 지금 시각은 새벽 두 시를 지나고 있다.

5부

단전에서 올라오는
분홍

분홍이 내려앉는다.
쑥스럽던 말, 오래 삼킨 안부가
다정하게 두드린다.
사랑은 늘 돌아오는 길에 있다.
잊힌 곳에도 온기가 들자
고장 난 감정은 다시 웃는다.

하늘이
내린 곳에서

　나만의 작은 어항 속에서 조용히 숨 쉬는, 방콕이 체질인 줄 알았다. 복잡한 것은 골치 아파 Simple Life를 추구했다. 가뜩이나 꼬인 생, 굳이 애써서 관계에 매달리는 물방울 신세가 되긴 싫었다. 삶의 원천이라 말하지만, 밑바닥이라 읽는 심연에 빠지고 싶진 않다.

　비우고 내려놓고 눈을 가린 뒤에야 조용해졌다. 쪼개진 조각 같던 우물 밖 세상이 겨우 보이기 시작했다. 흐드러지게 핀 꽃이 보이고 또 사람이 보였다. 내 안에 있던 불순물을 어지간히 걸러냈던 것일까. 너무 비워 내벽에 다다르게 된 것일까.

　한겨울의 새로운 관계란 고리는 만지면 성에로 달라

붙는다. 그 애잔한 온기를 찾는 차가운 열정만 같았다. 가까이 오기 시작하면 곁에 당도하기도 전에 스스로 등을 보였다. 철조망 철선이 나였다. 원래의 나는 경계심이 없어 무방비했다. 언제부턴가 삐끗하더니 결로를 벗어난 걸 느꼈다.

유난히 감이 좋은 건 어쩌면 이탈한 아웃사이더의 삶에 쥐어진 판도라의 소망처럼, 살아내라는 높은 곳의 요요 줄일지도 모른다. 그마저 던져주지 않으면 나약한 인간인 나는 살아갈 수가 없다는 판단을 내렸을 것이다.

잘 견디어 낸 나에게 선심을 베풀어 주는 걸까. 외국 작가의 소설이나 동화의 이야기 속에 들어있던 자작나무숲이 유난히 동경을 불러일으켰다. 상상으로만 그렸던 스케치를 화담숲에서 만났던 게 작년이다. 처음 만난 순간부터 오감을 만족시키는 백화와 난 사랑에 빠져 보라보라 했다.

무심코 작년에 본 화담숲에서 본 자작나무숲을 꺼내서 펼쳐 보였다 너무 좋았다고. 심장이 뛰어 나갈 듯 흥분이 일었다. 선생님은 자작나무는 원대리를 가야만 진짜를 본 거라고 조용히 말씀하셨다. 놀라 더 커진 내 눈에서 초롱초롱한 샛별을 보신 걸까. 아니다. 내 눈에 얽힌 그 설렘을 빙자한 간절함을 발견하셨나 보다.

편도만 자차로 세 시간이 소요되는 인제이다. 목적지에서 이동하는 거리까지 계산한다면 그 이상이다. 제일 어린 나는 밤눈이 어둡고 자동차도 연식이 오래되었다. 선배님은 코로나에서 벗어난 지 얼마 되지 않았고, 또 다른 선배님은 자타가 인정하는 길치 오브 길치의 갑으로 내비게이션도 외면하는 방향감각을 자랑한다.

뒤에서 추진된 인제행이 참으로 송구하다. 제일 연장자이며 우리들의 선생님이 총대를 스스로 짊어졌다. 너무 황송해서 몸 둘 바를 모르겠다, 그런 마음도 잠시 철없는 나는 그저 좋다. 진짜배기 자작나무숲을 만날 생각에 잠기자 주책맞게 가슴이 두근거린다.

허투루 흘릴 것이 없어 살이 되고 뼈가 될 말씀 한 톨에도 집중했다. 중간지점의 휴게소에서 커피를 한잔하면서 목적지에 편안히 안착했다. 숲속의 요정들이 산책할 만한 파스타 접시처럼 생긴 고사리 비슷한 식물이 꽤 나 치인다. 게다가 졸졸 흐르는 계곡물 소리는 듣기만 해도 머리가 시원하다. 그 사이 사이에 핀 이름 모를 연보라, 연분홍 꽃이 숨어서 오가는 사람들을 지켜보고 있다.

굴곡진 돌길을 걷는 우리가 안쓰러운가. 지난번에 온 평탄한 길이 아니라 잘못 데려온 것 같다고, 미안한 길이라며 선생님은 염려했다. 1.5km란 평평한 지형 기준일 것이다. 그렇다면 산에서는 잘못된 거리 표시가 아닐까. 마치 이상과 현실의 괴리와 동급 같다. 오르막길을 한참 올라온 것 같은데 여전히 남은 1.3km라니. 겨우 200m를 걸어왔다는 말인가. 뭔가 착오인 것만 같아 가벼운 체중을 살려 뛰어나간 나는 일행을 앞섰다. 뒤에 오는 따뜻한 가슴을 가진 사람들의 인생 사진을 찍어야 한다는 소명을 등에 업었다.

오, 드디어 모습을 드러내기 시작한다. 푸른 녹음이 가린 풍경 속 사이 사이로 백화가 힐끔힐끔한 것이 보인다. 푸름에 나타난 백색이라니. 자작자작 타는 소리가 나서 자작나무가 아니라고 백작 같은 자작 귀족이라고 난 무조건 우겨 본다. 장신의 늘씬한 자태에는 튀어나온 옹이 하나 없이 매끈하다. 마치 인간계가 아닌 천상계 같다. 차원이 남다른 자작은 스승의 말씀으론 척박한 땅에서 자라고 수령은 나무로서는 단명인 겨우 60년밖에 살지 못한다. 그마저 땅이 비옥해지면 스스로 죽음에 이른다니 이 기상은 뭘까.

　빼어난 외모만큼이나 절개와 굳은 심지가 돋보이는 자작나무이다. 빠득빠득 내가 우길만한 귀족의 품격이 배어 있다. 배부른 돼지는 되지 않겠다는 거다. 안주하는 안온한 삶보다 고난을 택하는 가시밭길 생을 사는 귀족의 껍질이 얇게 벗겨진다. 속살은 매끄럽고 마치 분필로 칠한 것처럼 백옥 같다. 무슨 나무가 이렇게도 곱게 생겼을까. 천상, 우리네 선비 같다. 무릇 선비라 하면 배가 고프다고 기름진 것을 허겁지겁 먹지 않았다. 가히 자작이라 칭할 만하다.

　방콕이 익숙한 제자의 초롱초롱한 눈망울을 외면하지 않고 기꺼이 핸들을 잡은 선생님 또한 귀족다운 기품이 묻어난다. 자작나무처럼 늘씬한 키는 184cm에 달한다. 청바지부터 슈트까지 어떤 옷이든 소화하는 본인만 모르고 타인들이 칭하는 멋진 옷걸이를 소유했다. 마치 자작나무처럼 어디에서든 눈에 띄는 모습에 내비게이션의 도움 없이도 찾기 쉬운 생활의 랜드마크 같다.

　하늘이 내린 인제란 표지판이 생각에 잠기는 그늘을 내린다. 인제인지 인재인지 둘 다 다시 올 여지를 남긴다. 아련히 스며드는 '인제 가면 언제 오냐'는 그 인제에서 원대리 자작나무숲을 품었다. 백화가 건넨 사제의 도타운 정을 누린 나는 감명받아 붉은 노을이 되었다. 연보라와 붉음이 조화로운 저녁놀을 목에 두른 서쪽 하늘이 차창에 번져왔다. 창문을 내리고 외친다, 보라 해요!

웹진 『시산맥』 2023년 봄

마음의 색이 말을 걸 때

틈과 숨결

아악! 날카로운 통증이 무릎을 휩쓸고 지나간다. 이제껏 이런 일이 없었다. 평소처럼 아무렇지 않게 드나들던 침대 발치와 붙박이장 사이에서 돌발한 낯선 충격이다. 대체 무슨 일이 벌어진 걸까. 놀란 가슴을 누르고 아이의 침대 프레임을 들여다보았다. 언제 이렇게나 틀어졌을까. 시나브로 한쪽에서 소외된 수컷 나사 하나가 프레임 전체를 흔들고 있었다. 나사와 프레임 사이에 생긴 서먹한 틈은 단단했던 구조를 위태롭게 만든다. 이런 일이 비단 침대에만 국한된 것일까. 우리의 일상도 이렇게 보이지 않는 곳에서 흔들리는 건 아닐까.

야속하리만치 잠이 많았다. 오죽하면 촛불로 유명한 점쟁이가 갑자기 큰 하품을 하면서 "누가 이렇게 잠이 많냐?"라면서 혀를 찰 정도였다. 동료들과 묻어갔다가 제 발 저린 잠꾸러기는 신점을 볼 용기를 잃고 말았다. 턱없이 부족한 운동에도 내 건강을 지탱한 비약은 잠이었다. 야근을 버틸 요량으로 커피를 마시면서 슬며시 나를 빠져나갔다. 근 한 달 만에 나에게로 되돌아온 잠이다. 반가운 것도 잠시 어딘가 좀 이상하다. 몸과 딱 들어맞지 않는다. 나의 바깥에서 홀쭉해진 잠이 안에서 실금을 긋고 있었다. 그 사이로 조금씩 내가 새어나간다. 사춘기라 한창 예민한 아이에게 자꾸 책잡힐 실수를 범하는 걸 보면. 나는 어쩌다 이리 어긋난 걸까.

토요일 아침이었다. 아이는 제 물건의 미세한 변화한 점도 놓치지 않는 더듬이를 갖고 있다. 호르몬의 불꽃 때문인지, 그의 방에 들어갈 땐 전에 없던 허락을 구해야 한다. 쾌적한 환경을 만든다고 내 멋대로 청소하다 무엇 하나라도 잘못 건들면 시끄러워진다. 귀신같이 알아채고 원인 제공자인 나를 불러낸다. 바쁜 그가 모처럼 알로에 로션을 부탁했다. 일주일 안에 사 놓으면 된다기에 흔쾌히 승낙했다. 귀가한 아이가 화장실에서 로션을 찾는 소리가 들려온다. 아뿔싸! 깜박 잊었다. 당황한 나는 분리수거를 핑계로 빠져나와 다이소로 달렸다. 급히 챙긴 것을 내밀었다. 사춘기와 갱년기가 맞서면 갱년기가 이긴다고들 하나, 부모는 새끼에게 질 수밖에 없는 DNA의 약자인 걸까.

찬 아이스크림을 삼킨 듯 머리가 띵하다. 혼이 빠져나간 듯한 기분이다. 어제 식탁 위에 있던 비타민D가 들어있는 통을 열어보았다. 내용물이 꽤 남았음을 확인했다. 분명 그랬다! 그걸 버린 순간의 나는 대체 누구였을까. 넋이 나를 벗어난 것이 분명하다. 아이의 뾰족한 핀잔에 분별이 없어진 나를 쥐어박고 싶다. 온데간데없는 나는 작아져서 밤의 골이 깊었으니 내일 사다놓겠다며 아이를 달랬다. 내 안의 틈은 무엇으로 채울수 있을까. 엄마와 아이의 신뢰를 흔드는 밤의 공중그네를 타는 건 나이다.

약국에 들렀다. 비타민D를 말하자마자 눈치 빠른 약사가 선반에서 낯익은 제조사의 제품을 꺼내준다. 게다가 언급하지도 않은 마그네슘 갑을 쑥, 내민다. 눈이 동그래진 나에게 그가 말했다. "얼마 전에 사러 오셨을 때 식수대 위에 올려두고 가셨어요." 아, 맞다! 어쩐지 마그네슘이 그새 다 떨어졌나 싶어 혼자 어리둥절했었다. "챙겨주셔서 고맙습니다." 고개를 숙이며 인사했다. "이웃끼리 서로 챙겨야죠." 평소와 달리 싱긋 미소 짓는 약사가 뭉클하게 따뜻하다.

10여 년 전부터 자주 찾는 동네약국이다. 내 밖으로 불거진 건망증이 흘린 보조 식품을 정답게 갈무리하는 손길에 잃어버린 정신이 제자리로 돌아온다. 이웃의 바느질은 이런 순간 조용히 마음을 휘감는다. 나의 뜯어진 곳을 공그르듯 잇는, 보이지 않는 실이다. 나사 하나가 헐거워지면 프레임 전체가 뒤틀린다. 테두리에서 벗어난 한 사람이 원치 않는 누군가에게 생채기를 남기거나 거슬리는 존재가 될 수 있다. 작은 세심함은 이를 어루만지고 우리를 단단히 결속하는 실의 매듭 같다.

분기 마감이 임박했다. 서청주 세무서에 부가가치세 서류를 제출하고 돌아오는 길이었다. 기상대 근처에서 신호를 받아 앞차를 따라 속력을 냈다. 일 차선을 달리던 차가 깜빡이도 없이 훅 끼어들었다. 접촉 사고는 불 보듯 뻔했다. 핸들을 오른쪽으로 틀고 브레이크를 밟았다. 인도의 턱을 넘어설 듯 아찔했지만, 다행히 불상

사는 일어나지 않았다. 앞차의 문이 열렸다. 뛰어온 새파랗게 어린 남자가 허리를 접으면서 사과했다. 그의 얼굴에는 당황과 미안함이 뒤섞여 울긋불긋했다. 다친 데 없으니 괜찮다며 차창을 올렸다. 그는 잠시 얼이 빠져나간 듯했지만, 정중한 태도로 보아 너트만 살살 돌려준다면 제자리로 돌아올 터였다. 틈은 작은 실수를 끌어안는 여백에서 빛이 난다. 이때 필요한 우리의 연결 고리는 여유이다.

앞니 하나 빠진 아홉 정이 든 마그네슘을 식탁 위에 올렸다. 생수 뚜껑을 열고 물을 벌컥벌컥 들이켰다. 갈증을 달랜 머릿속이 채워지는 기쁨을 누렸다. 십자드라이버를 찾아들고서 아이 방으로 들어간다. 외로이 튀어나온 나사를 왼손으로 꼭 잡았다. 십자 홈에 드라이버를 포개 돌렸다. 단단히 조인 침대 프레임은 다시 각이 잡혔다. 여유로운 숨결로 충천한 나의 오후 또한 단단해진다.

『수필미학』 2025년 가을호

탱고,
밤을 뒤집다

반복되는 매일의 루틴은 어느 순간 지루하게 느껴진다. 사방으로 퍼진 단조로움에 호기심마저 시들시들해졌다. 무뎌진 감각 위로 찬바람이 척추에 스미듯 감싸면 몸은 점점 더 움츠러들었다.

어둠을 일찍 데려오는 겨울의 문턱에서 밤이 조용히 나를 불러냈다. 운동과 담을 쌓고 지내온 몸이 끌려갔다. 이대로라면 근육이 모두 사라질 것 같은 위기감이 고조되었다. 변화 없는 날들 속에서 변화가 절실한 체력의 추이를 따라 주 2회 월요일과 금요일 밤에 운동을 시작하기로 결심했다. 밤은 나를 주시한 듯 리듬 속에 담갔다.

마음의 색이 말을 걸 때

S 신협이 이전하면서 문화센터를 열었다. 요가와 라인댄스 강좌가 오전과 오후에 개설되었다. 이를 알게 된 친구가 함께하자고 제안했다. 첫날 아침 일찍 등록을 마친 그녀는 여유를 부리던 나에게 서둘러 등록하라고 재촉했다. 자칫 순위에서 밀릴 수도 있음을 알렸다. 창구 직원은 출자금이 최소 삼십만 원은 되어야 한다는 자격 필수조건을 읊었다. 모자란 금액을 채우고 저녁반에 등록할 수 있었다.

 라인댄스는 몸 선이 예뻐지는 춤일 거라 오해했는데, 실제로는 줄을 맞춰 춘다는 뜻이었다. 파트너 없이 혼자서도 다양한 춤을 익힐 수 있는 낯설지만 흥미로운 장르였다. 음악과 함께하며 즐기기로 마음먹었다. 앞 줄에서 거울을 보며 춤을 추는 한 사람이 유독 눈에 들어왔다. 저렇게까지 즐거울 수 있을까 싶을 만큼, 환하게 웃으며 움직이는 모습이 다소 오글거리면서도 시선은 뗄 수 없었다.

 노래 가사가 울려 퍼지는 신나는 음악과 함께 맘껏 즐기고 싶었지만, 쉽게 몸이 따라주질 않았다. 강사의 동작을 바로 따라잡는 친구가 어설픈 나를 정말 몸치라고 놀렸다. 반박할 수 없는 몸이기에 잠시 울적했다.

마치 춤의 전쟁에서 진 패잔병 같았다. 동시에 그 말이 오기를 자극했다. 유튜브의 세계에서 찾아낸 기본 동작을 연습하기 시작했다. 욕심과 달리 빠르게 달궈지지 않았다. 언제쯤 나는 센터를 자유롭게 누비는 춤의 물고기가 될 수 있을까. 곧잘 동작을 따라가는 회원들이 부러웠다.

몇 달이 지나도 맘보와 룸바 동작을 익히는 속도는 여전히 더뎠다. 어느 날, 아프지 않던 허벅지 부위가 뻐근함을 느꼈다. 그날은 Love's Tango 음악에 맞춰 라인댄스 동작을 배웠다. '탱고'라는 명명만으로 기분이 발레리나처럼 가벼워졌다. 리베로 탱고의 심장을 두드리는 강렬한 선율과 Por una cabeza의 우아함 그리고 절도 있는 탱고의 춤 선에 매혹당했다.

몸치라는 꼬리표를 달고 있던 내가 어느새 강사의 풀카운트 설명을 따라 정확히 움직이고 있는 모습을 거울로 확인할 수 있었다. 더 놀라운 건, 그토록 동작을 빨리 습득하던 회원들보다 먼저 복잡한 탱고를 익혔다는 점이다. 몸이 조금씩 음악에 녹아들며 멈춤과 흐름의 자유로움을 감각했다. 마치 한계를 넘어선 뻐근한 기쁨처럼 다가왔다.

마음의 색이 말을 걸 때

패배란 무엇일까. 단지 속도가 조금 느렸을 뿐이다. 흐름 속에서 우리는 여러 길을 모색할 수가 있다. 라인댄스의 매력은 여기에 있었다. 완벽한 춤을 추는 것이 아니라 때로는 느린 왈츠로 때로는 빠른 디스코의 템포에 몸을 맡기며 점차 나아지는 자신을 발견하는 데 있었다. 어색하고 미숙했던 첫걸음이라도 음악에 몸이 자연스럽게 묻어가는 무아의 순간이 찾아온다.

탱고가 가미된 라인댄스를 익히면서 깨달았다. 영원한 패자는 없다. 모든 움직임은 다음 단계로 나아가는 발판일 뿐이다. 춤이라는 예술은 완벽을 요구하지 않는다. 오히려 우리의 서툰 모습까지도 포용하며 음악의 파도가 그것을 자연스럽게 덮어준다. 탱고의 박자를 따라가며 알게 되었다. 패자부활전은 재기의 기회를 노리는 것이 아닌 자기를 초월하는 여정의 시작이라는 걸.

반복된 연습 속에서 나의 라인댄스는 점점 더 탱고의 숨결에 스며들었다. 몸치라는 구속도, 어설픈 동작도, 리듬이 허물어뜨렸다. 거울을 보며 라인댄스를 즐기는 회원처럼 나 역시 몰랐던 웨이브를 타며 그녀의 표정을 닮아가는 걸 느꼈다. 심장을 홀리는 음악에 회원들의 표정도 땀으로 빛을 발했다. 음악이 밤에 우리를 기다리고, 그 품속에서 체력을 길렀다. 탱고는 남몰래 연습한 기본의 숨은 힘을 보여준 매력적인 춤이다. 좋아하는 음악이 몸치의 춤에 반란을 일으킬 수 있었다. 땀을 즐기는 날에 찾아온 것은 희열이었다. 흐르는 음악에 몸을 적시는 시간이 늘어나는 한 춤은 더 높이 날아오를 준비가 돼 있었다.

『울산광역매일』 2025년 9월

마음의 색이 말을 걸 때

연분홍 감기

우리 집에도 바람이 불어왔다. 밖은 여전히 쌀쌀한데도 창으로 보이는 풍경은 봄날 같았다. 모처럼 외출하지 않은 그가 우리에 갇힌 야생동물처럼 갑갑함을 못참고 양성산에 데리고 갔다. 그곳에서 채 녹지 않은 눈을 쳐다보는 어린아이를 만났다.

끝없이 이어질 것만 같아 두려웠던, 긴 겨울밤을 뚫은 건 새파랗게 어린 꽃이다. 세속의 때가 묻지 않은 연약한 잔 다르크가 피어난 것이 기적 같다. 그 봄에선 2022년 눈물이 핑 돌았다.

그리 크지도 않은 바지 주머니 속에서 내면의 거친 돌멩이들이 서로 부딪히며 소란을 피웠지만, 데님도 아닌 천 주머니는 도통 찢어질 줄을 몰랐다. 갓 태어난 꽃은 투명하게 천진했다. 감히 손대기조차 두려울 만큼 순수한 생명이었다. 뾰족한 구석 하나 없는 이 가냘픈 존재는 어떻게 모진 겨울 언덕에 있는 봄의 최전선에서 피어났을까. 어쩌면 그리 용감하게 내 주머니 속으로 들어와 길을 낼 수 있었을까. 거칠기 짝이 없는 돌멩이들의 야유가 나도 모르는 새 잠잠해졌다.

망연히 그 모습을 바라보던 나는 그만 붉은 감기에 걸리고 말았다. 잔뜩 웅크렸던 어깨 승모근을 펴게 하는 봄의 가루가 날아든 탓일까. 이 복수초는 사사로운 마음으론 복사할 수 없는 천상의 힘을 발산하는지도 모른다. 훼방꾼 매운바람이 꽃을 흔들고, 고질병인 기관지확장증을 앓는 내 목구멍을 지나 허파를 찌르는 날카로운 얼음 창을 던졌다. 이상하다. 각오한 기침이 튀어나오질 않는다. 루시퍼도 탐날 깨끗한 노랑에 이끌려 얼굴이 벌게지는 기침을 떼어버린 감기가 나의 사고를 전환하는 선물 같았다.

대책 없는 일편단심으로 봄을 안은 꽃은 베르사유의 장미 오스칼 프랑수아 드 자르제인가. 차가운 기품을 따라 새로운 세계로 들어가는 듯했다. 이마는 뜨겁고, 종유석이 녹은 듯한 콧물이 흘러나왔다. 겨울잠을 자던 동굴에서도 바깥을 향해 무성하게 자란 나에게 차가운 계절이 끝났음을 알리는 꽃이 배웅하는 소리가 귓가에 들리는 듯했다.

"어서 가, 너의 새 계절을 힘껏 써 보렴."

기침을 동반하지 않은 낯선 감기를 앓고 난 뒤, 나의 손가락은 바빠지기 시작했다.

설레는
첫 교감

초등학교 6학년의 나는 앙상한 말과 뼈를 가진 말라깽이였다. 마른 몸 때문인지 다리가 부러지겠다는 말을 자주 들었다. 그러거나 말거나 그저 창밖의 하늘을 멍하니 바라보며 세계와 거리를 두곤 했다.

중학생이 되면서부터 세계가 나를 향해 갑자기 돌진하기 시작했다. 친구들이 먼저 다가와 말을 걸었다. 그 중심에는 임시 반장인 미나가 있었다. 그는 반장 선거에서도 당연한 듯 반장이 되었고, 어울리던 친구들도 부반장, 미화부장 같은 감투를 썼다. 나는 여전히 돌출되는 일에는 관심이 없었다. 남은 역할은 서기뿐이었는데, 그의 추진으로 졸지에 서기가 되었다. 그녀는 내

마음의 색이 말을 걸 때

글씨가 반에서 제일 예쁘다고 했다. 곱지 않은 시선으로 그녀를 바라봤지만, 이미 결정된 일이었다.

미나가 낯선 세계에 나를 끌어들였다. 미처 몰랐던 나의 장점을 찾아내 칭찬했다. 콤플렉스였던 정맥이 비치는 흰 피부와 갈색 머리 때문에 '튀기'라 불리던 나를, 백설 공주라며 예찬했다. 부끄러움에 얼굴이 새빨개졌지만, 그녀의 활짝 웃는 얼굴을 보면 나도 모르게 픽, 웃음이 터졌다. "적당히 해, 비도 안 오는데 날 비웃는 거야?"라며 툴툴거려도 가슴은 따뜻해졌다.

지금 생각해도 범상치 않았다. 교과서처럼 반듯한 가정에서 자란 그녀는 말 한마디에도 품격이 있었고, 다방면으로 뛰어났다. 덕분에 나는 풍족한 친구들과 바늘과 실처럼 엮이게 되었다. 그중 길순이는 시대를 앞서가는 미적 감각의 소유자였다. 고리타분한 선생님들은 그녀의 독특한 머리 모양을 미친년 스타일이라며 악담했다. 성인이 되고 나서야 유행으로 알았다. 그것이 오늘날 말하는 투 블록(two block)과 새기 커트(shag)라는 것을. 해정이는 늘 영화 이야기로 대화를 주도했다. 그때까지 내가 본 영화라곤 시골 초등학교 벽면에 투사된, 한자라서 제목조차 모르는 중국 영화 한 편이 전부였다. 그가 잠들어 있는 감각의 문을 연 듯, 나의 영화 감상 역사가 조용히 시작되었다.

주말이면 KBS의 「주말의 명화」를 놓치지 않았다. 영광의 탈출 주제곡 「The Exodus Song」이 흘러나오면 자다가도 벌떡 일어날 정도였다. 어울리는 친구들과 소통하려고 제목, 감독, 배우를 공책에 꼼꼼히 적었다. 영화를 제대로 감상한 자정에 깨어 월요일 아침 등교 시간이 기다려지기도 했다. 나도 모르게 영화 주제곡을 흥얼거리면서 학교로 향하곤 했다.

영화는 내게 말할 거리를 선물했다. 시작은 미약했지만, 점점 영화에 대한 지식이 쌓이면서 친구들보다 더 많은 이야기를 꺼낼 수 있게 되었다. 어깨에 힘이 들어가고, 자신감이 무럭무럭 자라났다. 부작용도 따랐다. 마음의 양식이 충만해질수록 몸도 넉넉해졌다. 중학교 2학년이 되자 키가 10cm 자랐고, 몸무게는 생애 최고점을 기록했다. 하얀 얼굴은 어느새 호빵처럼 변해갔다. 동갑내기 이종사촌이 누구냐고 놀렸을 땐 몸의 변화가 이미 확실해진 뒤였다. 게다가 좋았던 시력마저 흐려졌다. 칠판 글씨가 점점 흐릿해지는 걸 자각하며 알 수 없는 당혹감에 물들었다. 몸의 급격한 성장과 함께 내가 알던 나도 서서히 멀어지고 있었다.

영화는 취미를 넘어 내 세계를 확장했다. 히치콕 감독은 생경한 긴장감으로 나를 사로잡았고, 비비언 리를 좇아 애수부터 바람과 함께 사라지기까지 따라갔다. 클라크 게이블은 신사의 상징이었지만, 그의 헌신을 외면한 스칼렛 오하라가 야속해도 미워할 수 없는 은막의 별이었다. 로마의 휴일과 티파니의 아침을 소개한 오드리 헵번은 우아함의 화신이었다. 그녀의 상대역이 늘 나이 많은 배우라 속상했지만, 오드리의 매력을 담은 영화는 내 세계를 나라 밖으로 팽창시켰다. 내일을 향해 쏴라, 이 영화는 비 맞으며 자전거를 타던 장면으로 잊지 못할 추억을 남겼다. 당시 청주대학 근처 C 극장의 천장이 새는 바람에 영상처럼 내 머리에도 빗방울이 떨어졌다. 그날의 해프닝은 오랫동안 내 입술에 오르내렸다.

영화와의 동행이 늘 순탄하진 않았다. 플래시댄스를 보기 위해 처음으로 혼자 극장에 갔을 때 낯선 남자의 추근거림으로 영화를 초반에 잘랐다. 집으로 돌아가는 길까지 따라오며 커피를 사겠다는 그는 방해물 그 자체였다. 나는 택시를 타서 달아났고, 혼자 극장에 갈

수 없게 되었다. 그래도 영화에 대한 내 짝사랑은 멈출
수 없었다.

영화는 나를 키웠다. 말라깽이였던 나는 친구들과의
첫 교감인 영화를 통해 자아존중감을 심으며 세상을 바
라보는 다른 렌즈를 가질 수 있었다. 영화는 소녀들에
게 시간을 죽이는 수단이 아니었다. 내면을 성장시킨
영혼의 자양분이자 세상의 창에 접속해 준 다리였다.
나를 클릭해 세상 밖으로 나오게 한 친구들과의 첫 교
감은 장미처럼 붉고 따뜻해 심장에서 잔향이 진동했다.

환기

　장마철 바깥은 연통이 없어 실내가 갑갑하다. 참새의 날쌘 비행은 공기 청정기가 살리지 못한 상쾌한 내음을 불러일으킨다. 유리창 너머로 생기발랄한 자연의 바람을 기대하게 만든다. 집이란 한정된 공간은 프라이버시는 존중되는 곳이지만, 변화를 맞이하기에는 어딘가 비좁게 느껴진다.

　어둠이 층위를 올릴 줄로만 알았다. 시난고난한 반려를 둔 사장어른의 민낯에 모처럼 화색이 돈다. 형형한 눈빛과 뜨거운 심장에서 우러난 언어에서 건져낸 것은 더할 나위 없이 좋은 눈, 맞춤이었다. 반복된 노파심이 키운 걱정 어린 말들은 따가운 눈총이 되어 돌아왔고,

응당 즐거우리라 세뇌되었던 정갈한 음식점에서조차 사부인 마님이 등을 돌렸던 것이 불과 얼마 전이다.

친구들과 놀러 나간 손자들이 빠진 부부끼리 오붓하게 만난 식당 안은 한갓졌다. 아들, 딸, 사위, 며느리가 둘러앉은 모습에 흐뭇한 사돈어른의 표정이 밝다. 식사 시간이 끝나도 산뜻한 표정이 지속되기를 기도하는 마음으로 한 상을 마주하니 시장기가 몰려온다. 어른 두 분이 먼저 수저를 드는 것을 보려 고개를 돌렸다.

어머님이 등을 똑바로 편 채 세모꼴이 아닌 마름모꼴 눈을 하고서 아버님 쪽으로 몸을 살짝 비틀고 있다. 아버님은 또 어떤가. '쾌지나 칭칭 나네' 듀엣을 하는 것도 아닌데 두 쌍의 눈이 파도를 타고 있다. 어머님의 모나리자 같은 미소와 아버님의 입꼬리가 올라간 모습이 낯설지만 바라던 그대로다.

얼마 전부터 두 분은 모 금융기관 문화센터가 주관하는 노래 교실에 다니기 시작했다. 그곳에서 알게 되었다. 어머님이 한 노래한다는 것을. 아버님 또한 노래 교실에 다니면서 표정이 풀어지기 시작했다. 대부분 혼자 찾는 노래 교실에서 두 분은 흔치 않은 부부 수강생이라 한다. 노래를 부르려면 화음을 맞춰야 한다. 그러다 보니, 얼굴을 자주 맞대거나 눈으로 말하는 시간이 늘어났다. 죽은 줄 알았던 노부부의 애정이 새로 피어나기 시작하는 사랑 교실이다.

"당신이 노래를 잘 부르니까 한 소절만 아이들에게 들려주는 게 어때?" 얼굴을 붉힐 줄도 아는 어머님은 조용한 음성으로 '개나리 처녀' 한 소절을 부른다. 흐뭇한 눈길로 재롱부리는 손녀 보듯 반려를 바라보는 아버님이다. 이 얼마나 뭉클한 그림인지. 그동안 아버님이 어머님을 챙기느라 고생한 보람이 이제야 꽃을 피우는가 보다. 이 말씀을 올리니 눈시울이 붉어진다.

벌써 5년여가 흘렀다. 평소 살가운 편은 아닌 어머님이었으나 어느 순간 잡고 있던 맥을 놓았다. 여러 군데 병원의 진단 결과는 뇌인지 저하증이었다. 그때부터 살림과 어머님을 보살피는 것 모두 아버님이 자처했다. 평소 안주인과 바깥양반의 역할이 뒤바뀐 듯하다고 두 분을 생각했다. 아무리 꼼꼼한 분이라 할지라도 안팎을 모두 감당하기엔 신체적으로나 정신적으로나 연세가 있어 쉽지 않았다. 아버님의 잔소리가 듣기 거북했던 사람처럼 어머님은 유독 아버님에게 까칠하게 반응했다. 그런 어머님이 변했다.

집이라는 소우주에서 두 분만이 진종일 생활하다 노래 교실이란 음악과 타인, 그리고 드넓은 우주로 이동하였다. 가사를 외우고 박자를 타면서 노래를 익히고 소리 높여 불렀다. 두 분은 눈을 맞추고 입술을 읽으며 서로의 호흡을 심장 가까이에서 들었다. 두 분만 있던 작은 공간에서 삐걱거리던 관계가 문화센터가 연 음악이란 소통의 문에 입장하고 달라졌다.

쇼츠 영상이 올라왔다. 알츠하이머를 앓는 은발의 노인은 한때 발레리나였다. 차이콥스키의 백조의 호수음악이 들리기 시작하자, 그녀는 발레의 동작 하나하나를 그대로 재연했다. 수없이 연습했던 몸이 심었던 기억을 꺼낸 것은 아닐까. 음악의 힘은 놀라웠다.

늦은 밤 열한 시, 평소답지 않게 아버님이 전화했단다. 5년간 집안일과 멀어졌던 어머니가 낮잠을 주무시고 일어난 날이었다. 그동안 삼시 세끼를 만들고 챙긴 사람은 아버님이었다. 묘하게 흥분한 아버님은 어머님이 밥상을 차려 놓았다며 감격해했다. 한정된 공간에서 열린 세상으로 나간 행보가 변화의 바람을 일으킨 것을 실감했다.

사장어른의 표정이 평소와는 달리 어색함이 화면을

뚫고 나온다. 부끄러워서 똑바로 응시하지 못한다. 두 분이 함께 노래 부르는 모습을 동영상으로 감상하며 잠시 웃는다. 영상을 찍어준 분에게 밥을 사고, 노래 교실에 십만 원을 찬조금으로 냈다는 사장어른의 얼굴이 소년 같다. 행복이란 별거 아니란 걸 잊고 살았다. 그저 눈을 맞추면서 그날 겪은 일에 공감하다 때로는 대신 험담해 주는 일상이 행복이다.

여명이 길어진 여생에서 반려가 아플 때 한쪽은 외로울 수 있다. 어쩌다 찾아간 노래 교실에서 사장어른의 헌신이 제2의 신혼으로 돌아와 주었다. 깊어진 사돈어른 두 분의 눈 맞춤에 감긴 노랫가락으로 얼어붙은 기억을 해동할 화요일이다. 까치 소리가 아침의 창을 깨운다. 임영웅의 노래 「온기」를 틀었다. 가사를 따라 우아한 왈츠 동작으로 손을 올리며 인사한다. 안녕 화요일, 오늘도 잘 부탁한다!

『수필세계』 2025년

할리퀸,
그 짧은 만남

폭삭 주저앉은 기분으로 넷플릭스 신작을 들여다보던 그녀다. 믿고 보는 배우 박보검과 아이유의 감성에 스며들었다. 화면 속 로맨스가 반짝이는 순간, 문득 여고 시절의 기억이 떠올랐다. 그 시절, 그녀는 불투명한 진주 같았지만, 나는 조용히 주시하고 있었다.

'거기 누구 없어요?' 교실 한곳에서 터져 나온 고요 속의 외침은 올림포스산까지 울릴 듯했다. 벽을 튕겨 돌아온 소리는 소녀의 가슴에 부메랑으로 박혔고, 속삭임은 빠져나갈 수 없는 올무 같았다. 허무에 굴복하고 싶지 않은 새내기의 열망이 그것을 주물럭거렸다.

교실 뒤에 앉아 그녀를 지켜보던 '나'는 할리퀸 로맨

스 책이다. 학급 문고의 책꽂이에서 나를 발견한 소녀의 눈빛은 순식간에 불타는 갈망으로 번뜩였다. 나를 품에 안고 그리스 로마 신화처럼 매력적인 활자의 세계로 빨려 들어갔다.

칠흑 같은 현실에 갇힌 소녀에게 나는 태양 같은 존재였다. 상상하며 위안을 찾는 그녀에게 하데스 같은 신은 어울리지 않았다. 태양이 사랑한 나는 아폴론, 한 송이 백장미를 보듯 그녈 귀히 여겼다. 그녀는 나를 통해 가난을 벗어던지고 로맨스의 여왕으로 군림했다. 할리퀸의 세계에서 소녀는 언제나 해피엔딩을 꿈꿀 수 있었다.

어느 날, 급우들이 돌려보던 잡지 속 펜팔 명단에서 그녀가 눈길을 멈췄다. 유럽을 꼼꼼히 훑던 그녀는 그리스나 이탈리아 이름이 없다는 사실에 실망했다. 차선책으로 고른 영국의 'Kenneth Storry', 'Storry'를 'Story'로 잘못 읽었다. "이야기라니, 이건 운명이야!"라며 설레는 소녀가 모처럼 소녀다웠다.

백지에 색연필로 싱그러운 녹색 식물을 그리고, 한 글자 한 글자 정성껏 영어 편지를 써 내려갔다. 금빛 머리칼과 푸른 눈동자를 가진 미소년을 상상하며, 향기 나는 작은 돌에 답장이 온다는 주문을 봉투에 붙이고 우체통에 넣었다. 그 모습이 평소답지 않게 십 대 같아 마음이 짠했다.

하루가 지나고, 이틀이 지나고, 한 달이 지나도 답장은 오지 않았다. 친구들은 이미 답장이 왔다며 호들갑을 떨었다. 그녀는 매일 우편함을 붙잡고 말했다. "편지가 왔는데 네가 숨긴 거지? 어서 내놔!" 억울한 우편함은 그녀의 조바심을 견뎌야 했다. 그러던 어느 날, 우편함이 외쳤다. "학생, 왔어! 왔다고!"

가방을 팽개친 그녀가 편지봉투를 조심스레 뜯었다. "글씨체 통과! 꼬불꼬불 악필이 아니네." 환한 표정으로 편지를 읽는 그녀이다. 그는 정원사로 책을 사랑한다. 그녀가 정성껏 그린 식물 그림과 고운 글씨체에 감동했다는 편지에 그녀는 확신했다. "내 정성이 대양을 건너 영국에 닿았어. 이건 천생연분이야."

바다를 사이에 두고 둘은 편지를 주고받았다. 전지가위를 쥔 손으로 정원을 가꾸는 그의 모습을 상상하며 그의 일상을 추측했다. 짧은 영어 탓에 마음을 온전히 전하지 못할 때면 아쉬웠지만, 편지를 주고받는 기쁨은 그녀를 점점 더 또래답게 물들이며 가슴에 박힌 부메랑을 뽑아냈다.

어느 날, 반장이 그녀를 교무실로 불렀다. 영어 편지 쓰기 대회 안내문을 받은 그녀는 펜팔에게 쓴 편지를 그대로 베껴 제출하고는 까맣게 잊어버렸다. 올림포스의 신, 나 아폴론은 편지가 돋보일 빛을 소량 뿌렸다. 그녀는 장려상에 뽑히고, 예쁜 손목시계도 받았다. 신화에 빠진 소녀에게 나는 상상도 가끔은 현실이 될 수 있음을 보여주고 싶었다.

신도 때로는 어쩔 수 없는, 현실이 가혹했다. 소녀의 집주인 아줌마는 당뇨 합병증으로 쓰러졌다. 병원비와 치료비를 감당하기 위해 집을 처분해야 한다는 소식이 전해졌다. 소녀의 엄마는 날벼락 같은 상황에 무거운 침묵으로 한숨을 쉬었다. 산소가 소진된 잿더미 같은 집의 공기는 텁텁했다. 퇴근길에 엄마는 새 보금자리를 찾아 헤맸다. 나는 고단한 엄마에게 마음씨 고운 동료를 붙여주었다. 두 사람이 힘을 모은 덕분에 더 나은 집을 얻게 되었다. 소녀의 집에 다시 산소가 흘렀다.

세상에 공짜는 없다. 신인 나는, 인간과의 접점에서 하나를 주면 하나를 거두어야 했다. 이삿짐을 싸는 와중에 Ken의 새 주소가 적힌 편지를 그녀 몰래 내 몸에 감췄다. 새집에서 아무리 뒤져 보아도 그 편지만은 찾을 수 없으리라. 올림포스 신전으로 돌아가야 할 시간이다. 소녀와의 짧은 만남은 한여름 밤의 꿈처럼 짧았지만 짜릿했다.

메마른 여고 시절 그녀가 학급 문고에서 발견한 할리퀸은 유일한 일탈이었다. 소녀들의 로맨스와 환상을 활자로 채워주던 할리퀸은 당시 소녀들의 종교였다. 시대는 변했다. IT 광풍과 6G 속도로 퍼지는 K-웹소설이 할리퀸의 자리를 꿰찼다. 버터 바른 활자 대신, 된장 묻은 글자가 소녀들의 새로운 신앙으로 자리매김했다. 변화의 광풍에 직격탄을 맞은 할리퀸은 얼마 전 폐간되어 과거에 묻혔다.

십 대 소녀들의 가슴을 뛰게 하는 로맨스물은 가파르게 변했다. 한때 할리퀸의 활자가 그려준 금빛 머리칼의 아폴론은 이제 스마트폰 화면 속 K-드라마 배우로, 웹소설 속 운명적인 사랑으로 다시 태어났다. 그들은 더 이상 우편함을 붙잡고 기다리지 않는다. 한 손에 든 화면을 스크롤 하며 한 편의 웹소설, 쇼츠 영상으로 마음을 순식간에 적신다.

K-로맨스는 국경을 넘어 실시간으로 전 세계 소녀

들의 상상을 사로잡고 있다. 그녀는 만감이 교차했다. 현실과 상상의 경계에서 알고리즘과 팬덤이 짜낸 새로운 꿈이 소녀들의 심장에 로맨스의 다리를 놓는다. 더 화려하고, 더 빠르며 더 상상에 가까운 해피엔딩이 낚시해 두근거리는 밤이다.

『코스미안뉴스』 2025년

리본에 묶인
날들

슬며시 어둠이 다가온다. 하루가 저물고 고요한 밤이 창문을 두드린다. 일력 한 장이 떨어져 나갈, 새것을 입은 날은 조용히 다가온다. 마음 한 그릇에 담긴 오늘의 끼니는 어떤 색깔이었을까. 잠들기 전 내면의 풍경을 들여다보며 사유의 시간을 갖는다.

올해 초, 공황장애가 발현될 것만 같은 긴 터널을 간신히 빠져나온 순간이 있었다. 커피 한 모금에 의식을 깨우며 나에게 물었다. "꿈은 여전해?" 망설임 없이 연기처럼 흘러나온 답은 여전하다. 이상하게도 마음 깊은 곳에서 식지 않은 질문이 문득문득 두더지 게임처럼 튀어나와 나를 흔들어 깨웠다.

마음의 색이 말을 걸 때

흐려진 꿈은 점점 아득하게 멀어졌다. 이른 사회생활과 늦은 결혼은 시간이라는 강물에 꿈을 참깨처럼 흘려보냈다. 느린 듯 착각을 불러일으켜 빠르게 흘러가고 탄식은 해진 가죽끈처럼 남아 날 잡아당겼다. 활자에 중독된 것처럼 잡지, 로맨스 소설, 인터넷 소설, 교차로에도 눈을 담갔다. 등진 자기계발서와 철학서는 내 몸이 품기엔 너무 먼 당신이었다. 정체된 나를 경책하는 죽비 같았다. 세계와 멀어진 빈 껍데기를 입고서 현실의 무게에 짓눌렸다. 가끔 스스로가 물었다. '너는 누구지? 무엇을 위해 이 길을 걷고 있지?'

그때, 평생 친구가 까마득한 과거의 풍경을 데려와 내 꿈을 콕 집어 보여주었다. "꿈을 이룰 길은 있어. 지금이야말로 꿈꾸기 좋은 나이야." 그녀의 말은 끊어진 내 분홍 리본을 다시 잇는 실마리가 되었다. 그것을 쥔 채 스스로와 약속했다. 1일 1 쓰기. 짧든 길든 쓰기는 쉽지 않은 언약이었다.

하루도 빠짐없이 손을 꺾었다. 맹세는 지리멸렬한 삶을 바꾸기 시작했다. 어느새 문인들과 교류하고, 세미나에 참여하며 이곳저곳을 누비는, 집순이와 다른 풍경을 맞이했다. 멀리 떠도는 허상이 아닌 노트북 화면에 뜬 꿈이 코앞에서 바라본다. 하루의 빗살이 부러지지 않아 피부처럼 느껴진다.

이왕 들어선 길 어렴풋한 의미의 풍선들을 폴짝 뛰어 잡고 싶었다. 그 안에 무엇이 숨어 있는지 비밀을 배우고 싶었다. 대학원의 문을 다시 두드렸다. 문장을 닮은 선생님들과 다양한 경험을 나누며 새로운 세계를 로그인한다. 어디선가 내 뒤에 숨었던 물방울이 운집해 오는 듯하다. 글을 쓰는 행위가 나를 씻기고 치료한다. 글로 소통하는 일이 그 기쁨을 배가시켰다. 날마다 사유할 이유가 어루만지고 리본이 반환점을 지나 새로운 빛을 띤다.

아침마다 찾아오는 오늘은 기적이자 축복 같다. 어린 시절의 꿈, 글 쓰는 사람이 되겠다는 서툰 밤이 돌아와 내 정체성을 살리는 벗이 되었기 때문이다. 하루를 마무리하며 오늘의 끼니를 되새김한다. 부실한 반 공기였는지, 든든한 한 그릇이었는지 어쩌면 아리송한 간식에 그쳤는지를. 내면을 들여다보며 마음의 밑을 살핀다. 부족하면 채우고, 넘치면 덜어 마음의 평정을 찾는 시간이다.

나의 하루는 여러 색 리본으로 묶인 선물이다. 하나

마음의 색이 말을 걸 때

씩 풀 때마다 꿈과 사유가 어우러진 새로운 날이 펼쳐
지리라. 키보드에 올린 손끝에 궁금증이 인 오늘의 리
본이 꿈틀거린다. 미지의 세계로 이끄는 책이 유혹하
는 새벽의 눈을 비빈다.

『수필세계』 2025년 여름호

색채어로 물들이는 사랑의 길

– 민은숙의 『마음의 색이 말을 걸 때』

이방주(수필가, 문학평론가)

마름하기

민은숙 수필가가 첫 수필집 『마음의 색이 말을 걸 때』를 상재한다고 한다. 반갑고 기다려지는 일이다. 원고를 천천히 읽으며 등단(2023, 월간 『한국수필』) 이후 변화하고 성숙한 세계 인식의 시선과 형상의 붓이 가는 길을 따라가 본다. 민은숙의 보폭만큼 인식의 세계는 넓어지고, 시선의 높이만큼 미래는 밝아졌다. 수필가는 머물러 있지 않고 걷고 뛰어다닌 발걸음만큼 작품의 영역이 넓어지고, 바라보는 눈높이만큼 미래가 다가온다.

첫 수필집은 대개 '나와 가족' 이야기를 제재로 기억을 소환하여 추억하는 것으로 책 한 권을 채우기 마련이다. 그런데 민은숙의『마음의 색이 말을 걸 때』는 그런 서사는 이미 남몰래 낸 첫 수필집으로 다 쏟아낸 작가인 양 넘어서 버렸다. 그 대신 일상에서 체험하는 존재와 그 해석, 관계와 변환의 문제, 사랑과 그리움, 죽음과 초자연적인 세계, 자연과 생태환경에 대한 고민 같은 철학적 문제를 깊이 있게 다루고 있다.

『마음의 색이 말을 걸 때』에는 총 40편의 작품을 5부로 나누어 수록하였다. 수필집은 대부분 주제를 기준으로 나누거나 시간을 기준으로 분류하는데 분류의 기준부터 일반적 통념을 넘어섰다는 느낌이 들었다. 5부로 나눈 기준은 작품의 주제나 소재라기보다 마음의 색깔이었다는 점이 특이하다. 주황은 마음을 데우고, 보라는 상처 위에 피어나고, 흑과 백은 시간을 삼키고,

잘 자라는 연두, 단전(丹田)에서 올라오는 분홍으로 마음의 색깔이 변환하고 발전하는 모습을 보여주고 있다. 여기에 쓰인 색채의 언어는 무채색인 흑과 백을 제외하고 모두 간색(間色)이다. 원색은 강한 대비가 이루어지지만, 간색은 상생과 상극관계에 의하여 다름으로 변환하고 재창조된 새로운 색채이다. 원초적이지 않고 다시 생산된 철학이다. 마음의 표현으로 쓰인 색채어를 토대로 그 연상관계나 상징적 의미를 생각해 보면 주황에서 일어나 분홍으로 승화하는 의미를 지닌다고 볼 수 있다.

『마음의 색이 말을 걸 때』를 읽기 전에 마음의 색을 표현하는 색채어의 상징적 의미를 알아보는 것은 매우 흥미 있는 일이라 생각한다. 색채에 대한 상징성은 국가와 민족, 그리고 종교에 따라 다양하다. 한국 문화에 드러난 우리 민족이 갖는 색채에 대하여 보편적으로 상징하는 의미를 생각해 보기로 한다.

색채어가 상징하는 의미는 매우 오랜 기간 동안 관습적으로 변화하고 전승되면서 하나의 문화를 이루었기 때문에 원형적 상징이라고 할 수 있다. 대부분의 한국인은 빨강, 노랑, 파랑 같은 원색의 경우 강렬하고 자극적이고 순수하지만 때로 천박한 것으로 생각하는 경향이 있다. 이 작품에서 마음의 색깔을 대부분 간색으로 표현한 것도 이러한 의식이 바탕에 깔려 있는 것이 아닌가 한다. 빛깔에 대한 상징성을 예로 들어 보면, 분홍은 사랑의 의미를 지니고, 흰색은 순결을, 검정은 죽음과 절망을, 초록은 안식 생명 희망을, 파랑은 청춘 희망 지성을, 보라는 고귀, 우아, 권위 등을 품고 있다고 하지만 정확하고 객관적인 상징성을 규정하기는 쉽지 않다. 그렇다 하더라도 민은숙의 수필에서 마음을 드러낸 색채어와 주제의 관련성에 대해서 작품에서 찾을 수 있는 데까지 찾아보는 것도 매우 의미 있는 일일 것이다.

작품집에 드러난 민은숙의 수필관을 먼저 알아보는 것이 순서일 것이다. 그는 수필은 체험한 사실을 해석하고 상상을 재구성하여 쓰는 것이라고 생각한다. 책의 머리의 작가의 말에서 '세상을 들여다보기 위하여 다양한 체험을 이어 나간다.'라고 한 것을 보면 짐작할 수 있다. 수필의 바탕이 되는 체험의 확장을 위한 노력이다. 이미 과거에 겪었던 체험을 소환하면 '그 안엔 미처 알지 못한 포근한 사랑과 응원이' 숨 쉬고 있다고 말한다. 체험에서 삶의 행복을 찾고 치유 받는다는 말이다. 수필은 소환된 체험을 되새김하는 과정에서 위안을 받는다고 인식한다. 체험에 대한 해석과 그것을 바탕으로 한 상상이다. 이러한 그의 수필관은 단순한 것 같지만 매우 깊이 있고 본질적이다.

작품을 읽을 때는 작가가 가지고 있는 세계에 대한 인식이 작품에 어떻게 수용되었는지 알아보는 것도 하나의 과제이다. 민은숙은 시인으로 먼저 문단에 나왔고, 이미 시집 『앉은 자리가 예쁜 나이테』 『분홍 감기』, 동화 『이런 것도 먹어봤니』를 출간하였다. 수필가로 활동하기에 앞서 시집을 두 권이나 냈고, 감동적인 시로 많은 이들에게 감명을 주어 시문학계에 객관적으로 인정받은 시인이다. 그러나 시의 언어와 수필의 언어는 각기 다른 독자성이 있다. 그러므로 시인이면서 수필가가 쓰는 형상화 기법에 대해서 알아보는 것도 필요하다.

관계, 되로 주고 말로 받는 창

　민은숙 수필에서 존재의 자리는 주로 관계 속에서 이루어진다. 모든 존재는 관계를 씨앗으로 이루어진다는 연기(緣起) 이론에서도 관계를 중심으로 이루어지는 삶의 의미를 강조했다. 모든 현상은 실체적 자존(自存)이나 독립적인 존재로 따로 있을 수 없다는 이야기이다. 의미 있는 존재는 상호 의존적인 조건적 관계망 속에서 성립한다는 것이 인식론이자 존재론이다. 연기 이론은 비단 불가에서뿐 아니라 인식론이나 존재론, 수행론이나 윤리학에서 함께 아우르는 통합적인 철학이다.

　관계를 맺으면서 존재의 자리를 이루는 행위 중 하나로 대화를 빼놓을 수 없다. 민은숙은 작품 「되로 주고 말로 받는 창」에서 대화를 통하여 관계를 맺고, 그 관계에 의하여 존재의 의미를 획득하는 과정을 적절하게 담아서 형상화하였다. 병원에서 만난 낯선 여인과 대화를 트게 된다. 주로 이야기를 들어주는 편이다. 그러면서 '공감이란 적극적인 경청'이라 생각한다. 잠시 그와 대화를 통하여 관계를 지으며 자신의 어머니와 자신을 돌아보게 된다. 자아 성찰이다. 자신은 공감의 말을 한 마디씩 던지면서 그녀로부터 더 많은 이야기를 듣는다. 이야기를 들어주면서 그것이 '보시'임을 깨닫는다. 여기서 자아의 존재 의미를 발견한다. 빗장을 푸는 도구는 대화이었고 빗장을 풀었기에 관계로 이어졌다. 결국 대화에 담긴 마음의 색깔에 의해 존재 의미를 확인한다. 이 글에서 봄은 홍조를 띠고 온다고 했다. 홍조를 띠고 오는 봄에 홍조를 띤 대화로 보시한 체험 서사이다.

대화뿐 아니라 열려 있는 자아가 존재를 확인해 준다는 작품도 보인다. 미완의 존재인 인간은 작품 「흠이 아름다운 곳」에서 '끊임없이 타자와 세계를 향해 열려 있'다면서 열려 있음은 곧 '흠'이기에 나에게서 '흠'을 발견한 이는 '열려 있음'을 발견한 것이다. 나는 열려 있지만 열려 있음을 발견한 타자만이 관계 속에서 '나'의 존재를 확인할 수 있다는 말이라 해석할 수 있다. 그러므로 '흠 없는 벽은 침묵한다.'라고 단언한다. 흠이라 할지라도 그것을 발견하지 못하면 존재의 자리를 찾을 수 없다는 말이다.

타인을 통해서 자아를 발견하는 작품도 보인다. 「사

이보그가 걷는 시간」에서는 어머니를 통해서 자신을 발견한다. 인공관절 삽입 수술을 하고 재활치료를 통해서 다시 걷기까지의 어머니의 의지적인 모습을 통해서 자아의 시간을 확인한다. 여기는 녹색의 언어가 마음에 색을 입힌다. 생명과 희망이라는 의미를 지닌다.

수술 전 엄마가 무릎을 끌고 걷던 때는 크로노스의 시간이었다. 곡선으로 어룽지는 길은 줄어들기만 할 뿐이었다. 엄마는 이제 카이로스의 시간을 살기로 했다. 기회를 맞은 현재를 정면으로 응시한 의미 있는 시간이다. 운동화를 신은 엄마가 다시 길을 나섰다. 천천히 굴절되지 않은 곧은 시선을 들고서. "앞으로는 열심히 걸어도 돼." 걸을 수 있는 스스로가 대견한 아기처럼 느리지만 꿋꿋하게 걷는다. 엄마의 시간은 어려졌다. 갓 태어난 사이보그의 모터는 아직은 느리다. 곧 빨라진 속력을 데려올 것임을 예감한 녹색 신호등이 눈을 감는다.

「사이보그가 걷는 시간」에서

타인을 통해서 자아의 존재를 확인하는 작품으로 「내면 아이를 비추는 거울」을 들 수 있다. 이 작품은 조카의 의지가 성장하는 모습을 보면서 '아이는 어른이 가진 내면 아이의 거울이다.' 실패를 겪은 후 한동안 두 손을 놓고 있었던 자신을 돌아본다. 여기서 독자는 어른들은 누구나 내면에 아이가 존재함을 깨닫는다. 심리학에서 말하는 내면 아이(Inner child)란 개인의 어린아이 같은 측면을 말한다. 여기에는 사춘기 이전에 어린아이이기 때문에 겪었거나 배운 것이 포함된다. 노력, 성공, 실패, 좌절, 분노, 기쁨, 슬픔 같은 감정도 해당된다고 한다. 작가는 곧 '2차전'을 준비하기로 결단을 내린다. 변환을 꿈꾸는 것이다. 조카를 거울삼아 자아의 내면 아이가 잠을 깨고 일어나는 순간을 보여준다. 존재를 확인하면 변환을 꿈꾸는 것이 인간이다. 민은숙은 변환의 꿈을 「하늘이 내린 곳에서」에서 고백한다. 인제 원대리 자작나무숲을 찾아간 기억을 소환한다.

　　　　빼어난 외모만큼이나 절개와 굳은 심지가 돋보이는 자작나무이다. 빠득빠득 내가 우길만한 귀

족의 품격이 배어 있다. 배부른 돼지는 되지 않겠
다는 거다. 안주하는 안온한 삶보다 고난을 택하
는 가시밭길 생을 사는 귀족의 껍질이 얇게 벗겨
진다. 속살은 매끄럽고 마치 분필로 칠한 것처럼
백옥 같다. 무슨 나무가 이렇게도 곱게 생겼을까.
천상, 우리네 선비 같다. 무릇 선비라 하면 배가
고프다고 기름진 것을 허겁지겁 먹지 않았다. 가
히 자작이라 칭할 만하다.
「하늘이 내린 곳에서」에서

   자작나무에 대한 묘사에서 변환의 지향점이 보인다.
'절개와 굳은 심지' '안온한 삶보다 가시밭길의 생' '배고
프다고 기름진 것을 허겁지겁 먹지 않'는 자존적 삶이
그것이다. 그는 이 글에서 흰색, 검은색, 연두, 연보라,
붉음이라는 색채어로 자신의 마음을 표현했다. 그리고
'보라 해요'라는 변환의 소망을 외친다. 이 또한 변환의
꿈이다. 민은숙의 수필을 읽을 때 관계, 존재, 변환 같
은 어휘의 의미를 기억하면 더 깊이 있게 해석할 수 있
고 함께 울림을 받을 수 있을 것이다.

존재의 성장과 변환

수필은 창작과 수용과정에서 작가는 물론 독자도 정신적 성장과 변환을 가져온다. 생산자든 수용자든 수필의 제재를 거울삼아 자아를 비추어 보고 모순을 발견한다. 그 모순의 지양(止揚)을 통해서 가치 있는 미래를 설계한다. 과거와 현재의 자아에서 모순된 자아를 발견하여 바람직한 삶을 찾아가는 삶의 변환이다. 「모여, 더 예쁘니까」는 개체가 하나로 모여 새로운 아름다움으로 변환하는 과정을 그렸다. '각각의 작은 화성이 모여 웅장한 합창이 되듯' 희미한 혼자가 모여 하얀 꽃물결이 된 경이로움을 '존재감의 영향력'이라 규정했다. 이 작품에서 '하얀', '흰'이라는 색채어에 감동한 마음을 얹어 표현하였다.

여성들은 외양에 관심이 깊을 수 있다. 외양은 단순한 외양으로 끝나는 것이 아니라, 때로 외양의 자신감이 내적 자신감으로 드러날 수 있다. 이것은 매우 상식적이고 당연한 일이다. 「카멜레온 옷장」은 겉모습만으로 사람을 평가할 수는 없지만, 옷으로 재탄생하는 자신에 대해 솔직하게 고백한다. 사실 이런 고백은 용기가 필요했을 것이다. 작가는 옷과 관련하여 생애를 정리한다. '교복, 직장의 유니폼, 사회의 옷, 주인에게 상처받아 건네받는 옷, 옷+액세서리'로 전환되면서 함께 변환하는 자신을 발견한다.

'옷의 진정한 목적은 본질을 드러내는 데 있다.'라는 것이 그의 인식이다. 옷으로 외양을 장식한다는 것이 일반적 인식인데 그는 옷으로 자신의 본질을 드러낸다고 말한다. 외양의 영향으로 존재의 변환을 가져온다는 생각은 다분히 도전적이다. 솔직한 고백이라고 하겠다. 그 밖에도 「동그라미의 힘」에서는 비누가 변환하는 과정과 삶이 변해가는 과정을 빗대서 표현하기도 하였다.

사랑, 깊게 물드는 한 그릇

사랑의 일반적이고 보편적인 정의는 무엇일까. 우리 민족의 사랑에 대한 공동 심의는 어떤 것일까. 한국인은 사랑을 그저 정(情)을 주고받는 것이라 생각한다. 그리고 그러한 정을 이어가고 싶은 심성을 지니고 있는 것으로 생각한다. 그것은 가장 따뜻한 인간의 심성이고 사랑을 주고받는 것은 가장 바람직한 인간관계이다. 아랫사람이 윗사람에 대한 사랑을 공경이라고 한다면, 윗사람이 아랫사람에 대한 사랑은 흔히 내리사랑 또는 자애(慈愛)라고 한다. 시혜(施惠)의 의미가 담겨 있다. 선인들은 이를 통틀어 '괴다'라고 표현했다. 지금은 사라져 잘 쓰지 않지만, '괴다'라는 말에는 우리 민족이 가지고 있는 사랑에 대한 공동 심의가 넉넉하게 담겨 있다. 사랑은 매우 복합적인 정신작용이다. 사랑에는 미더움, 이쁨, 착함, 고움, 따뜻함은 물론 윤리 의식도 바탕에 깔려 있기 마련이다.

사랑은 가족에 대한 사랑으로부터 시작된다. 어머니에게 사랑을 받으면서 사랑을 배운다. 모정(母情)은 어머니의 사랑이고 어머니에 대한 사랑이다. 어머니에게 사랑을 받으면서 어머니를 사랑하고 자매를 사랑하고 자식을 사랑할 줄 알게 된다. 이렇게 배운 사랑은 혈육이 아닌 남을 사랑하게 된다. 이성을 그리워하고 사랑하는 모정(慕情)의 시작도 모정(母情)이다. 민은숙의 사랑도 모정(母情)으로부터 배워 자매간의 사랑, 자식에 대한 사랑, 조카에 대한 사랑, 할머니, 큰엄마에 대한 사랑, 자연과 생태계에 대한 사랑으로 확산되는 모습이다. 「사이보그가 걷는 시간」에서 어머니에 대한 사랑이, 「급류 앞에 선 엄마」에서 엄마로서의 사랑을 보여주면서 체험한 모정을 담담하게 고백하고 있다. 「금손 예찬」에는 언니의 어머니와 동생을 향한 사랑을 담았다. 이글에서 언니의 사랑을 행동으로 보여주는 '헌신'이라 하면서 '당신이 가진 것을 줄 때 그것은 주는 게 아니다. 진정으로 주는 것은 자기 자신을 줄 때이다.'라고 사랑의 본질을 규정한다. 「깊게 물드는 한 그릇」에서 자매간의 사랑을 좋아하는 음식을 통하여 전하고 있다.

무의식이 의지를 깨워 매운탕을 떠올리게 한 게다. 매운탕 한 그릇에 긍정이 혈관을 타고 온몸에 퍼진다. 따스한 바람과 함께 몸 깊은 곳에 쌓였던 찌꺼기들이 떨어져 나가는 듯하다. 같은 추억과 식성을 가진 동생이 곁에 있어 감사하다. 시절의

음식은 맛 그 이상이다. 몸과 마음을 깨우고, 무
너진 의지를 되살리는 저력이 있다.
「깊게 물드는 한 그릇」에서

　어린 시절의 사랑은 무의식계에 감각으로 각인된다.
감각으로 각인된 사랑은 다시 무의식이 일깨운다. 어
머니의 매운탕을 먹던 감각의 기억이 불면증인 자아를
'밤의 수렁'에서 탈출하게 한다. 여기에 '개떡같이 말해
도 찰떡같이 알아듣는 동생'이 함께한다. 이들은 매운
탕을 먹으며 과거의 감각을 소환한다. '새파란 미나리
향'이나, '보글보글 끓는 탕은 처마 끝에 맺힌 물방울처
럼 허한 위장을 톡톡 두드렸다'라거나, 찾아가는 길에
서 '탁 트인 물길과 초록빛으로 우거진 나무'가 편두통
을 치유한다거나 하는 것은 현재의 감각이지만, '엄마
는 무, 깻잎, 홍고추, 풋고추, 쑥갓을 넣고 자작하게 추
어탕을 끓여' 냈다거나 '국물의 맛은 세월이 흘러도 혀
돌기에 아련하게 남아' 있다거나 '도마 위에서 연주하
는 다듬이 소리, 아궁이에서 깻대가 타는 타닥거림은
딸림화음과 미묘한 피치카토, 콧등에 맺힌 엄마의 땀

방울'은 과거의 감각의 재생이다. 이러한 감각적 언어들은 모두 사랑이 음각된 언어가 시간과 공간을 초월하여 재생되는 상상의 이미지이다. 어린 시절 부모님의 사랑은 감각적으로 재생되어 현재를 치유한다. 여기에 사랑하는 동생이 함께한다. 사랑의 감각은 가족으로부터 시작하여 이웃과 사회로 확산된다.

죽음과 초자연적인 세계

민은숙은 어른들의 '죽음'을 바라보면서 그분들이 지닌 초자연적인 세계에 대한 관념에 의문을 갖는다. '이성과 논리'로 이해되지 않는 순간이 존재하는 것을 깨닫게 된다. 「눈, 빛으로 쓴 편지」에서 이모부는 '내년엔 날 볼 수 없을 거야' 하면서 부드러운 미소로 손을 놓았고, 큰어머니는 '이제 다 괜찮아. 더 아쉬울 게 없어.' 하면서 고요한 미소를 지었다. 아버지는 '나, 저 푸른 밭으로 가야 해.'라고 했다. 이미 세계의 무게를 벗고 다른 세계로 향하는 문 앞에 서 있었을 것이라고 판단

한다. 어른들이 가진 죽음에 대한 긍정적이거나 달관
의 태도가 영향을 주었을 것이다. 그래서 그는 '죽음은
종말이 아니라 또 다른 차원으로 이어지는 문'이라 여
기게 된다. 그는 이렇게 판단한다.

> 삶은 거창한 철학이나 위대한 깨달음으로만 이
> 루어지지 않는다. 나물 반찬을 나누는 소박한 애
> 정, 병상에서 손을 맞잡는 따뜻한 온기, 부름을
> 받은 이들의 초연한 눈빛 속 신비가 우리의 하루
> 하루를 물방울처럼 감싼다. 그 물방울들이 모여
> 우리는 조금씩 더 나은 존재로 거듭난다.
> 「눈, 빛으로 쓴 편지」에서

   그는 삶과 죽음이란 거창한 철학으로 이루어지는 것
은 아니라고 했다. 삶의 세계와 죽음의 세계는 아주 다
른 것이 아니라 그냥 또 다른 세계로 문을 열고 들어가
는 것이므로 거듭나는 과정이라 했다. 어른들의 달관
한 모습을 보면서 자아의 성숙과 변환을 가져오는 글
이다. 이러한 민은숙의 생각은 죽음에 대한 새로운 정

의를 세운다. 「비녀 꽂은 화투」에서 '모든 사람은 두 번 죽는다. 한 번은 육신이 죽고 그를 기억하는 마지막 사람이 죽을 때 비로소 죽는다.'라고 말한 것이다. 그러므로 기억 속에 있는 할머니, 아버지, 이모부, 큰어머니는 모두 살아서 감각의 기억으로 살아온다는 것이다. 민은숙은 수필을 쓰는 과정에서 이러한 죽음의 세계에 대한 인식을 새롭게 한다. 성장이고 변환이다.

자연, 삶의 해답이 보이는 곳

민은숙 수필에 드러난 자연과 생태계에 대한 생각도 관심을 가지고 들여다볼 만하다. 「그들과의 동거」에서 아파트 베란다에 둥지를 튼 비둘기에 대한 생각의 변화를 진솔하게 담았다. 처음에는 그들에게 '영역 침범'이라 생각했지만 그들의 생태 삶의 모습을 관찰하면서 생각이 이렇게 바뀐다. '나 또한, 새끼가 있기에 내치고 싶진 않다. … 난 새끼를 낳은 어미다. 달걀은 사 먹는 것이기에 감정이 다른 것이다. 혹여 내 새끼에게 화가

미치지 않을까 우려되는 마음에 작은 처신조차 조심스
럽다.' 생태주의 사고이다. 자연은 생태계의 모든 숨탄
것들이 동등한 개체로 살아가는 삶의 터전이라는 생각
이다. 이러한 작품이나 심성은 곳곳에서 발견된다.

수필의 언어와 형상화 기법

이제 민은숙의 수필에서 세계에 대한 인식을 형상화
하는 방법을 살펴볼 때가 되었다. 형상화(形象化)의 사
전적 의미는 '형체가 분명하지 않은 추상적인 본질 따
위가 어떠한 방법이나 매체를 통해 구체적이고 뚜렷한
형상으로 나타나게 되는 것'을 의미한다. '특히 어떤 소
재를 작가의 일정한 의도에 따라 예술적으로 재창조하
는 일을 이른다.'라고 설명하고 있다. 다른 문학 양식도
마찬가지이지만 수필 쓰기에서 형상화는 매우 중요한
개념이라고 생각한다. 그것은 형상화는 문학의 기본
틀이지만 수필가들은 창작 과정에서 자꾸 교술로 빠져
들기 때문이다.

수필은 체험의 해석이다. 그런데 모든 체험은 과거이기 때문에 기억에 의해 소환되어야 글이 될 수 있다. 체험한 시간은 과거이고 해석하는 시간은 현재이다. 현재의 이념으로 과거의 일을 해석하는 것은 모순으로 보인다. 그렇기 때문에 체험의 기억을 소환하여 그대로 나열한 다음 교훈적 해석을 한다면 그것은 교술이지 문학이 아니다. 그렇다고 지나치게 교술을 제거해 버리고 형상에 치중한다면 그것은 수필이 아니라고 오해받기 쉽다. 형상에 기본을 두면서도 교술을 완전히 배제할 수 없는 것이 수필이다.

체험한 내용은 서사라는 개념을 고려하여 새롭게 구성해야 한다. 민은숙은 소환된 기억을 시간적 순서에 의해 순차적으로 서술하는 것이 아니라 주제를 향하여 효과적으로 재구성하는 기법을 사용하였다. 서정과 서사의 조화를 잘 이루었다는 말이다. 독자는 흥미 있게 읽을 수 있고 주제도 확실하게 드러난다. 구성의 방법 중에서 「동그라미의 힘」 같은 작품은 관찰 대상을 바꿀 때마다 서술자의 시점을 교차적으로 변경하여 객관적 진술을 이루고 있다. 또한 「깊은 밤 숨은 그림 찾기」에서는 시간을 순차적으로 나열하지 않고 사건을 극적으로 배치하여 문학적 서스펜스(suspense) 즉 마치 탐정 영화나 드라마를 볼 때 같은 긴장감을 주기도 한다. 수필의 구성법을 알고 쓰는 수필가이다.

　이미 시문학을 통해 문단에 이름이 알려진 바와 같이 그의 다양한 시적 언어의 기발한 은유가 신선한 느낌을 주고 예술적 미감을 고조시키는 효과가 있었다고 평가할 만하다. 그밖에 형상화 기법에서 의미 있는 점이 많이 있으나 독자들에게 남겨드리겠다.

휘갑치기

　시인은 신에게 인간의 기원의 말씀을 전하는 사제와 같은 문인이라고 생각해 왔다. 시인의 언어는 경건하고 신비스럽고 함축적인 의미를 지닌 신의 언어이다. 그러나 수필은 아픔이 있거나 고통을 받은 경험이 있는 사람이 따뜻한 마음으로 이웃에게 전하는 일상의 언어이다. 그냥 모나지 않은 생각을 담담하고 낮은 목소리로 전하는 사람과 듣는 사람의 대화이다. 그래서 시를 쓰는 사람이 수필을 쓰기에는 어려운 점이 있다. 수필도 쓰고 시도 쓰는 문인들은 이런 점을 깊이 새겨야 할 것이다.

시 전문지 『시산맥』에 작품을 발표하면서 시 창작에 전념해 온 문인 민은숙을 만나서 함께 수필 창작 공부를 하게 된 지 몇 해가 되었다. 그리고 2023년 한국수필가협회에서 발행하는 수필전문지 『한국수필』 4월호에 「되로 주고 말로 받는 창」, 「깊은 밤 숨은그림찾기」 두 작품을 발표하면서 수필 문단에 이름을 올렸다. 그동안 시집을 내고 동화책도 냈을 뿐 아니라, 문예지 연재, 언론에 칼럼 게재, 에세이 분야 브런치 작가로 활발하게 활동하고 있다. 수필 문단에서도 이미 전국적인 수필전문 문예지에 좋은 작품을 발표하여 수필가로 이름이 알려져 있다.

첫 수필집 『마음의 색이 말을 걸 때』의 그의 세계는 이미 수필적 사유에 의한 인식 체계이고, 형상은 시적 언어를 가미한 수필적 언어로 이루어지고 있다. 수필적 사유를 풀어내기 때문에 구성에 있어서도 수필적 구성법으로 체계화되어 수필 창작에 대하여 이론적 바탕을 갖추었다. 그에 대한 작품성은 앞에서 상술한 바가 있으니 거듭 말하지 않겠다.

다만 수필가로서 민은숙의 이러한 발전은 혼자 힘으로 이루어진 것이 아니라 함께 수필을 공부하는 도반의 영향도 컸다는 점을 잊지 말았으면 좋겠다. 민은숙은 이웃에게 친절하고 수필가답게 공경과 사랑을 베풀줄 아는 문인이다. 사랑을 아는 문인이기에 그의 작품에 진정성이 스며 있고, 진정성을 품었기에 예술적 미감으로 승화시킬 수 있었으며, 누구나 공감할 수 있었을 것이다. 그러므로 사랑의 색으로 거는 말은 곧 민은숙의 문학적 자산이다. 꽃은 피어나는 꽃이 아름답다. 그의 문학은 마음의 색깔이라고 했다. 이제 활짝 피어나기 시작하는 수필의 꽃 『마음의 색이 말을 걸 때』가 내우도 외환도 없이 활짝 피어나기를 바라는 마음 간절하다.

마
음
의

색
이

말
을

걸

때

초판 1쇄 발행   2025. 10. 28.

지은이   민은숙
펴낸이   김병호
펴낸곳   주식회사 바른북스

편집진행   임현정
디자인   김효나
마케팅   송송이 박수진 박하연

등록   2019년 4월 3일 제2019-000040호
주소   서울시 성동구 연무장5길 9-16, 301호 (성수동2가, 블루스톤타워)
대표전화   070-7857-9719 | **경영지원**   02-3409-9719 | **팩스**   070-7610-9820

•바른북스는 여러분의 다양한 아이디어와 원고 투고를 설레는 마음으로 기다리고 있습니다.

이메일   barunbooks21@naver.com | **원고투고**   barunbooks21@naver.com
홈페이지   www.barunbooks.com | **공식 블로그**   blog.naver.com/barunbooks7
공식 포스트   post.naver.com/barunbooks7 | **페이스북**   facebook.com/barunbooks7